Regine Sonnleitner
Malu und das Geheimnis des kleinen Lichts

Regine Sonnleitner

Malu und das Geheimnis des kleinen Lichts

Rediroma-Verlag

Bibliografische Information der Deutschen Nationalbibliothek:
Die Deutsche Nationalbibliothek verzeichnet diese Publikation in der Deutschen Nationalbibliografie; detaillierte bibliografische Daten sind im Internet über http://portal.dnb.de abrufbar.

ISBN 978-3-98527-118-4

www.rediroma-verlag.de
13,95 Euro (D)

Inhaltsverzeichnis

Autorin

Regine Sonnleitner ist 1969 im Coburger Land geboren und aufgewachsen. Seit 24 Jahren lebt und arbeitet sie in NRW. Ihr Herz jedoch ist sehr stark mit der Heimat verbunden. Sie schreibt schon ihr Leben lang für Menschen, die eine Geschichte dringend benötigen. Malu, die kleine Fledermaus mit dem großen Herzen, ist in ihren Büchern der Hauptdarsteller. Malu begegnete ihr auf einen Abendspaziergang und so fand die kleine Fledermaus den Weg zwischen die Buchdeckel. Das Besondere an ihren Büchern ist, dass die Geschichten aus der Sicht der Tiere erzählt sind, im wunderschönen Schauplatz der Natur. Sie selbst liebt die Natur, die Stille und Kraft, die diesc ausstrahlt, und möchte etwas von dieser Faszination, an ihre Leser weitergeben. Malu ist immer auf der Suche nach neuen Erkenntnissen und möchte die Menschen anregen, sich wieder eine Auszeit zu gönnen und das kleine Licht im Dunkeln zu sehen.

Zitat der Autorin: *„Jeder sollte einen Malu in seinem Leben haben.“*

Widmung

Dieses Buch widme ich, meinem geliebten Mann. Ich weiß noch, als mein erstes Buch veröffentlicht wurde und er ganz erstaunt meinte. „Wie, du hast ein Buch geschrieben?“ Nach dem zweiten und dritten fragte er. „Wolltest du nicht nur eines schreiben?“ Er pflegte immer zu sagen. „Sie sind nix für mich.“ Und doch wusste er jede Einzelheit der Geschichten. Er las meine Bücher heimlich, wenn ich nicht zuhause war. Er war stolz auf mich. Auch wenn er es nicht offen zeigte, so fühlte ich es, in seinen Gesten, in seinen Handlungen und in den Erzählungen von seinen Freunden. Während der Entstehung dieses Buches wurde er, nach kurzer Krankheit, zu den Sternen gerufen. Dieser Schicksalsschlag schmerzte sehr und bremste mich aus. Er sagte immer zu mir. „Malu ist deine Seele.“ Und er hatte Recht, denn ohne Malu wäre mein Leben nun sehr einsam. Malu hat mir gezeigt, dass ich nun einen Stern habe, der über mich wacht und stolz ist, dass ich meinen Weg weitergehe.

Danke für die vielen Jahre, in denen du liebevoll an meiner Seite warst.

Vorwort

Liebe Leserinnen und Leser,
ich habe dieses Buch mit Fotografien von kleinen Sammlern unterlegt. Sie sind auf meinen Streifzügen durch die Faszination Natur entstanden. Diese kleinen Wesen werden viel zu selten beachtet und geschätzt. Es sind oft die kleinen Entdeckungen und Beobachtungen, die unser Herz kräftig klopfen lassen und uns das Gefühl geben, das Leben zu erleben.

Begleitet Malu auf eine Reise, in die Magie des Lebens.

Herzlichst, eure Regine Sonnleitner

Durchatmen und ein Einblick, für diejenigen, die Malu noch nicht kennen.

Das zarte Licht der Abendsonne senkte sich am Horizont herab und tauchte den Wald in ein bizarres Licht aus Farben. Im vollen Einklang mit der Thermik der Winde, hoch oben, zwischen den Wolken, wo die Freiheit grenzenlos ist, sah man ihn dahingleiten. Ein Bussard in seiner vollen Pracht. Als sich die Sonne schlafen legte und der Mond ihren Platz einnahm, flatterte etwas in seinem Licht vorbei. Eine kleine Fledermaus. Ganz schnell sah man sie vorüberziehen. In der Luft vereint segelten beide Geschöpfe zur großen Lichtung im Wald. Dort ließen sie sich auf einem Baum nieder, der mitten auf der Wiese stand. Von großen Bäumen umgeben und dichten Buschwerk, war diese Lichtung ein versteckter Ort. Lautlos schwebte eine Eule hernieder und gesellte sich dazu. Im Unterholz fing es an zu rascheln und aus dem Dickicht schlüpften die Tiere des Waldes. Der Mond stand hell am Himmel und viele Sterne glitzerten, funkelten und erhellten dieses kleine Fleckchen Natur. Es war ein fantastisches Bild, das sich einem eröffnete. Viele verschiedene Tierarten, auch solche, die normalerweise eine Gefahr füreinander waren, erschienen nun gemeinsam. Diese Begegnung der Tiere hatte etwas Magisches an sich. Jeder suchte sich einen Platz und dann schwirrte, wer hätte es gedacht, die kleine Fledermaus über die Lichtung und sagte: „Seid gegrüßt Tiere des Waldes. Ich bin Malu, die Fledermaus. Heute habe ich die Versammlung einberufen, weil unser Lebensraum in Gefahr ist. Es ist schön, dass ihr alle gekommen seid." Er flatterte zurück zum Baum und hängte sich kopfüber an einem Ast, sodass er alles überblicken konnte.

Ein großer Wolf trat hervor. „Hallo, ich bin Themba. Nicht nur die Natur ist in Gefahr, sondern auch wir Tiere. Wir Wölfe werden gejagt. Durch die Rodungen und die Ansiedlungen der Menschen wird unser Lebensraum und unser Jagdgebiet immer kleiner. Wir sind auf der Suche nach neuem Lebensraum, doch nirgends will man uns haben. Es gibt uns schon seit Anbeginn der Zeit. Sie halten unsere Abkömmlinge als Haustiere. Jedoch uns wollen sie nicht dulden. Dabei haben wir mehr das Recht, hier zu sein, als der Mensch."

Die Eule hob den Flügel. „Ich bin Sophia, ich beobachte vieles hier im Wald und ich weiß um das Schicksal jedes einzelnen. Hier, an meiner Seite, ist Imani, der Bussard, ein hervorragender Späher und Beobachter. Wir wissen, wie es um unsere Heimat, die Natur, steht."

Ein kleines Eichhörnchen flitzte nach vorne. „Hallo ich bin Saira. Unser Wald ist voller Fallen, die der Mensch uns unbewusst stellt. Er wirft achtlos Müll in die Natur, die eine große Gefahr für uns Tiere mitbringt. Er lässt seine Hunde frei laufen. Sie jagen uns. Nicht, dass sie uns erwischen würden. Doch laufen wir Gefahr, bei der Flucht verletzt zu werden und dann sterben wir einen langsamen, schmerzvollen Tod. Er geht nicht achtsam mit der Natur um."

Malu grummelte: „Es stimmt, die Natur muss mehr geschätzt werden. Die Erkenntnis, dass jeder Einzelne etwas dafür tun muss, ist noch nicht bei allen angekommen. Die Natur ist der Atem des Lebens. Ohne die Natur und uns Tiere könnte auch der Mensch nicht überleben."

Ein kleiner Fuchs trollte herbei. „Ich bin Hope. Auch ich verlor meinen Partner durch eine menschliche Falle. Nun bin ich alleine mit meinen Kindern. Ich möchte die Menschen nicht alle verurteilen. Denn es gibt viele, die sich für uns und unsere kleine Welt einsetzen, doch es sind immer noch zu wenig. Ein kleines Umdenken bei dem einen oder anderen würde schon helfen."

Imani seufzte. „Seht, die Natur ist einzigartig in ihrer Form. Wir, die eigentlichen Besitzer dieser Schönheit, leiden. Es passiert so vieles auf der Welt. Der Mensch hat Gesetze gemacht für den Natur- und den Tierschutz. Ein paar Gesetze, auf ein Blatt Papier geschrieben, schützen keinen. Natur- und Tierschutz fängt bei jedem Einzelnen an. Wenn ein einzelner Mensch so weit ist, von sich aus zu sagen, ich hebe den Müll im Wald auf, auch wenn ich ihn nicht verursacht habe, und vor allem dies auch tut, dann kann man von Naturschutz sprechen. Naturschutz fängt beim Einzelnen an. All dem voraus geht die Erkenntnis, dass er die Natur und auch das Leben lieben lernt, wie sie wirklich sind. Denn was der Mensch liebt, das beschützt er auch und hegt es und pflegt es."

Themba, der Wolf, schnaubte. „Tja, wie soll er mich lieben? Ich bin genötigt, seine Herden anzugreifen, da mein Jagdgebiet durch die Rodungen so klein ist. Ich muss meine Familie ernähren. Wie soll er mich lieben lernen?"

Ein kleiner Waschbär huschte herbei. „Ich bin Wisal. Wisst ihr, ich steh auf der Liste für unerwünschte Tiere. Lachhaft, dass es so eine Liste gibt. Doch auch mich wird keiner lieben lernen. Sie sehen mich als nerviges Objekt an. Dabei ist es bei uns Tieren nicht anders als bei den Menschen. Auch unter ihnen gibt es welche, die nicht so gern gesehen werden, doch diese werden nicht direkt abgeschossen oder vertrieben. Man versucht, sie zu integrieren. Jedoch geben sie uns diese Chance gar nicht erst."

Malu überlegte. „Es ist so, dass der Mensch sich selbst widerspricht. Er reist in ferne Länder, bewundert dort die Kulturen, möchte diese jedoch nicht in seinem Haus wohnen haben. Er schwimmt im Meer, begeistert sich für die Artenvielfalt der Fische und die Riffe, doch wenn er zuhause ist, schmeißt er seinen Müll in den Wald. Er macht Safari in Afrika und erfreut sich der Tiere in freier Wildbahn. Doch zuhause im Zoo begeistert er sich für eine artgerechte Tierhaltung. Er widerspricht sich selbst und das Schlimme ist, er merkt es nicht. Er bewundert die tollen Naturgärten und Parkanlagen an den alten Schlössern und Burgen und in seinem eigenen Garten schüttet er alles mit Steinen zu. Wie soll man diesem Irrsinn beikommen? Wo fängt man an, ein Umdenken anzuregen?"

Sophia plusterte sich auf. „Ich glaube, der Mensch bedarf noch vieler Erkenntnisse. Doch wie wir schon sagten, es fängt immer beim Einzelnen an. Kein Gesetz vermag das zu tun, was ein Einzelner erreichen kann. Die Natur lieben zu lernen, ist der Anfang. Doch auch ihr eigenes Leben zu lieben, gehört dazu. Sie müssen mehr in die Natur gehen. Sich eine Auszeit gönnen. Die laute Alltagswelt zurück lassen und in den Atem des Lebens eintauchen. Seht unsere großen Bäume, die sind wahre Lebensspender. Sie reinigen die Luft und produzieren Sauerstoff. Viele Bäume haben in den letzten Jahren aufgrund von Bränden und auch Rodungen ihr Leben gelassen. Der Mensch trauert um sie, auch um das Leben, das diese Bäume umgab, und doch kennt er sie nicht mal richtig. Ein Baum ist ein Energiespender, er hat eine enorme Magie in sich. Wenn man einen Baum umarmt, findet man Ruhe und Frieden. Der Baum ist ein Lebewesen wie jede Pflanze und jedes Tier auf dieser Welt. Viele sehen einen Baum. Einen Baum eben. Doch die wenigsten kennen und spüren ihn auch."

Ein kleiner Dachs schlich herbei. „Ich bin Luam und ich gebe dir Recht. Ein Baum ist nicht nur ein Baum. Er ist Energie und Leben. Um die Natur mache ich mir die wenigsten Sorgen, denn sie gibt es seit Anbeginn der Zeit und auch wenn sie schon oft zerstört wurde, durch Naturkatastrophen und auch durch die Hand des Menschen, so ist sie immer stark genug gewesen, wieder aufzustehen und sich zu erneuern. Angst habe ich um den Menschen selbst."

„Waaaasssss!", rief Themba entsetzt. „Du hast Angst um die Menschen? Wir sind es, die leiden, und unser Lebensraum mit."

Luam schaute in die Runde. „Schau, es ist ganz einfach. Wir Tiere und auch unsere Natur werden überleben. Ob mit Mensch oder ohne ihn. Doch der Mensch würde ohne uns zugrunde gehen. Wenn man den Menschen das antun würde, was er uns antut und unserem Lebensraum, wäre er schon lange nicht mehr hier. Es gibt Arten von uns, die schon seit Jahrtausenden leben. Klar sterben auch welche aus. Doch es kommen auch neue hinzu. Wenn eine Art von uns vergangen ist, stimmt das traurig, doch dies ist der Lauf des Lebens. Der Wolf reißt das Schaf, das liegt in seiner Natur. Der Kuckuck legt sein Ei ins fremde Nest, auch das ist in ihm verankert. Jeder auf seine eigene Art hat etwas Außergewöhnliches an sich. Das liegt in der Natur jeden einzelnen Tieres."

Es rauschte in der Luft. Alle Tiere schauten in den sternenbeleuchteten Himmel. Etwas Großes verdeckte den Mond und schraubte sich spiralenförmig Richtung Lichtung. Es war ein gigantischer Anblick. Ein Adler in seiner ganzen Pracht. Die Sterne ließen seine weiten Schwingen im Mondlicht glitzern. Es war ein Anblick, der Magie in sich hatte. Die Tiere am Boden staunten, als er sich anmutig auf einem Baumstamm niederließ, der in der Mitte der Wiese lag. „Seid gegrüßt, ich bin Abaya und ich habe eure Sorgen vernommen. Ich bin hier, um Licht ins Dunkel zu bringen. So wie Malu bin auch ich ein Bote. Um die Natur und uns Tiere zu retten, bedarf es nicht viel.“

Die Tiere schauten gebannt Abaya an und warteten darauf, dass er weitersprach. Abaya räusperte sich. „Das, was die Natur rettet, ist die Liebe zu ihr. Der Mensch muss erkennen, dass sie geliebt werden möchte. Sie bedarf öfters mal einer Umarmung. Der Mensch ist unglücklich und unzufrieden, wenn er nicht geliebt wird. Er fühlt sich krank und einsam. Genau so geht es der Natur.“

Malu faltete seine Schwingen auf, schwang sich aus seiner hängenden Position auf den Ast, blickte in den Himmel und fing leise zu sprechen an.

„Lieber Mensch, lass uns in deine Träume und Gedanken. Wenn du uns hören kannst, dann wisse, wir sind das Leben, die Natur und deren Bewohner. Nimm dir Zeit, spaziere in die Natur, schaue mit offenen Herzen und lausche den Stimmen des Lebens. Genieße die Kraft des Windes bei Sturm. Lass dich von ihm tragen und lehne dich nicht dagegen auf. Spüre die Kraft des Regens, tanze unter den Tropfen und erlebe die Energie und das Aufatmen der Natur, wenn der Regen auf sie

trifft. Leg dich auf die Wiese am Abend und beobachte das gigantische Sternenzelt am Himmel. Höre die Stille, die sich mit der Nacht herein senkt und Frieden bringt. Die Stille, die voll ist mit dem magischen Gesang der Dunkelheit. Lausche auf uns Tiere, sieh in unser Herz und nimm uns unsere Sorgen. Beobachte den Bussard im Flug auf der Jagd am Himmel oder schau auf das Vorbeiflitzen der schwarzen kleinen Fledermäuse in der Abenddämmerung. Geh in den Wald, umarme einen Baum und spüre die Magie des Lebens. Dies ist der Atem des Lebens, den du als Mensch schützen musst. Lerne ihn lieben, lerne dich selbst lieben, lass ihn in dein Herz. Dies ist unsere Bitte an dich."

Die Tiere schauten ergriffen in den Himmel. Viele kleine Sterne funkelten und trugen Malus Worte in die Welt.

Die Tiere saßen noch bis zur Morgendämmerung zusammen. Sie erfreuten sich an dem Licht im Dunkeln, vereinzelnd lief mal eine Träne herab. Ob vor Freude, Kummer oder Hoffnung, es war egal, sie durfte fließen. Sie saßen schweigend beisammen, denn sie verstanden einander auch ohne Worte.

„Nimm dir Zeit für die schönen Momente im Leben
und genieße jede Sekunde.“

Ich bin kein Roboter

Ein perfekter Abend brach an. Das Licht der untergehenden Sonne warf bizarre Schatten in den Wald. Zwischen den Bäumen raschelte es, als Wisal, der Waschbär, mehr stolpernd als rennend durch das Gebüsch eilte. Was hatte der kleine Kerl nur wieder, dass er es so eilig hatte?

Sophia, die Eule, erspähte ihn und flog lautlos über Wisal hinweg. „Wisal, was ist los? Warum hast du es so eilig?“, rief sie ihm zu.

„Sophia, ich habe keine Zeit. Ich muss dringend zu Malu. Ich habe was gefunden.“

Sophia lachte schallend los. „Ach Wisal, was hast du nun wieder entdeckt?“

„Komm mit, dann erfährst du es auch.“

Wisal flitzte noch schneller durch den Wald. Hier und da blieb er in ein paar Brombeerranken hängen, wovon er sich genervt befreite. Schon von Weitem rief er: „Mirkoooo, Maluuuu, schaut mal.“

Mirko, die Spinne, seilte sich vom Fels herab und sah Wisal entgegen. Malu flatterte gerade aus seiner Höhle und staunte nicht schlecht, als er Wisal heranpurzeln sah.

Sophia landete auf den Felsvorsprung. „Guten Abend, unser Wisal hat eine neue Errungenschaft gemacht. Lassen wir uns überraschen, was es nun wieder ist.“

Der kleine Waschbär schnappte nach Luft und ganz atemlos und aufgeregt fing er an zu erzählen. „Also … Ich … war auf der Wiese …“

„Wisal, langsam … hol erst mal tief Luft und beruhige dich, sonst verstehen wir kein Wort“, sagte Malu.

„Also auf der Wiese, am Dorf, habe ich etwas liegen gesehen. Ich habe es versteckt und nun müsst ihr mitkommen und es euch ansehen. Sicher hat es jemand verloren."

Die drei sahen einander mit einem Lächeln im Gesicht an. „Ok, Sophia nimm mich mit, wir wollen doch mal sehen, was er da gefunden hat." Mirko krabbelte in Sophias Gefieder und schon flogen sie los zur Wiese.

Wisal flitzte aufgeregt am Boden entlang. Unterwegs begegnete ihnen Imani, der Bussard, und Lisa, der Falke. Sie schlossen sich direkt an und flogen hinterher. An der großen Wiese angekommen, landeten sie alle auf dem alten Holzzaun, von dem nur noch Bruchstücke übrig waren.

Wisal sprang herbei und zog etwas aus einem Haufen Ästchen hervor, die mitten auf der Wiese lagen. Es war ein komisches Ding, das er da zu Tage förderte. Es schien aus Blech zu sein und glänzte im letztem Licht des Tages. Er hatte sehr damit zu tun, es hervorzuziehen. „Schaut, das ist es. Ein komisches Ding." Voller Stolz sah er alle an. „Sophia, du weißt doch so viel. Was ist das?"

Sophia flog näher heran und besah sich das Objekt. „Tja, ich würde sagen, das ist irgendein Spielzeug der Menschenkinder."

Lisa flatterte auf. „Ich fliege mal rauf zu Codys Baumhaus, vielleicht ist da wer und ich kann ihn herholen." Lisa machte sich auf den Weg.

Imani schmunzelte. „Also, ich weiß, was das ist, doch warte, bis die Kinder kommen, sie werden es dir zeigen, Wisal."

„Mmpf, warum sagst du es nicht gleich. Immer dieses Abwarten."

Malu huschte zu dem Ding und besah es sich näher. „Also ich denke, es ist etwas, was weder der Mensch noch die Tiere brauchen können. Ein sinnloses Etwas, nutzlos und überflüssig.“

„Genau so sehe ich das auch. Doch es gibt viele Sachen die keiner braucht und trotzdem gibt es sie.“ Imani seufzte. „Wisst ihr, der Mensch produziert viele Sachen, die völlig nutzlos sind, und nennt es Fortschritt. Dabei ist es nichts anderes als Müll.“

Von weitem sahen sie, dass Lisa mit den Kindern Cody und Aylin ankam und auch Moja dabei war. Moja war die Enkeltochter von Lynn, die bei Zacharias im Wald lebte und hin und wieder auf die Kinder aufpasste. Als sie näherkamen, winkten ihnen alle zu.

„Na, hat Wisal wieder etwas gefunden? Da sind wir mal gespannt.“ Cody trat näher, dann gluckste er. „Wow, du hast Nummer 5 gefunden. Er ist schon seit Wochen verschollen.“

„Nummer 5, wer soll das sein?“ Wisal schaute verdattert.

„Na hier liegt er doch. Darf ich vorstellen, das ist Nummer 5. Er ist einer der ersten Roboter und über ihn gibt es Filme.“ Cody stellte das Ding auf, dann drückte er an der Rückseite auf etwas und plötzlich kam Bewegung in diesen Blechhaufen. Er bewegte sich und machte entsetzliche Geräusche. Das Ding wankte hin und her und hatte Probleme, auf den unebenen Boden das Gleichgewicht zu halten. Malu erschrak fürchterlich und auch die anderen flitzten hinter den Zaun in sicherer Entfernung. Die Kinder und Moja prusteten los. Moja schaltete das Ding wieder aus. „Die Gefahr ist gebannt, ihr könnt wieder herkommen.“

Langsam schlichen sie wieder näher. Wisal schüttelte den Kopf. „Was soll das für ein Ding sein, ein Roboter? Nummer 5. So ein komischer Name. Wozu ist er nützlich?“

Aylin überlegte. „Gute Frage. Nützlich, tja, er ist zum Spielen gedacht. Nummer 5 ist eine intelligente Lebensform. Du gibst einen Befehl und er macht es.“

„Boa, wie toll ist das denn? Echt krass.“ Wisal schaute ganz begeistert.

Plötzlich erklang lautes Lachen und Glucksen und über die Wiese purzelten zwei Marder herbei und stolperten über Nummer 5. „Hey, was liegt denn da mitten im Weg?“ Ganz verdattert schaute sich der eine Marder um. „Oh Hallo, was macht ihr alle hier?“

Malu grummelte: „Wenn das nicht die Chaoten Samson und Jannik sind.“

„Hey, wir sind keine Chaoten, wir sind eben lustige Gesellen. Warum liegt hier Nummer 5 rum, mitten auf der Wiese?“

Samson mühte sich ab den Roboter wieder aufzustellen. Imani legte den Kopf schief und schmunzelte. „Jannik, Wisal hat ihn gefunden, er war wohl verloren gegangen.“

„Er liegt doch hier. Wie kann er dann verloren sein?“

„Ich habe auch gesagt, er war verloren.“

„Mmh, OK, und was ist jetzt damit?“

Malu schaute Moja und die Kinder an. „Tja, nun ist er wiedergefunden und trotz allem wissen wir immer noch nicht, was genau Nummer 5 ist.“

„Ganz einfach, er ist ein Roboter. Er macht, was man sagt, ohne dagegen zu reden. Schau.“ Cody drückte den Knopf an der Rückseite und Nummer 5 leuchtete auf. „Nummer 5, sing *Alle meine Entchen*.“

Plötzlich hörte man *Alle meine Entchen* aus dem Blechding singen. Wisal lachte schallend auf. „Wow, das ist ja cool. Hey, Nummer 5 sag: Wisal ist schlau.“

Und schon erklang blechern: „Wisal ist schlau, Wisal ist schlau, Wisal ist schlau ...“

Jannik und Samson kugelten sich vor Lachen. „Hey, der hört gar nicht mehr auf, wie doof ist das denn?“

Wisal äffte den Roboter nach und robbte abgehackt über die Wiese. Moja schaltete das Ding erst mal aus und sah alle an. „Kommt, setzt euch mal her zu mir und dann werde ich euch mal etwas erzählen.“

Alle suchten sich einen Platz auf der Wiese und schauten erwartungsvoll zu Moja.

„Also, meine lieben Freunde. Ein Roboter hat seine guten und auch schlechten Seiten, wie alle Dinge im Leben. Nehmen wir erst mal die positive Seite. Nehmen wir Menschen, die ein Handicap haben. Für diese Menschen ist ein Roboter oftmals eine Hilfe, im Leben zurechtzukommen. Es gibt Sprachroboter und auch Möglichkeiten, eine Prothese anzufertigen, die wie ein Roboter arbeitet und somit alles erleichtert. Hier ist diese Erfindung sehr gut angebracht. Es gibt viele Filme mit Robotern. Nummer 5 war einer der ersten und darin ging es darum, dass Nummer 5 lebt, also er empfand plötzlich Gefühle, was ein Roboter ja gar nicht hat. Die Filme, die danach kamen, sind meist mit viel Gewalt, Krieg und Kampf und hier kommen wir auch schon zu der negativen Seite.“

Lisa hatte die ganze Zeit nur beobachtet und nun flatterte sie zu Moja und sprach: „Wäre es nicht toll, ein Roboter zu sein? Man bekommt gesagt, was man tun soll, und muss nicht erst überlegen.“

„Tja, dann wollen wir doch mal sehen, ob es Spaß macht." Moja sah zu Wisal. „Also Wisal, du bist nun der Roboter und wirst alle Befehle befolgen, die wir dir geben."

Aylin trat vor. „Wisal, hüpfe auf einem Bein."

Wisal hüpfte los.

„Wisal, roll durch die Wiese."

Wisal rollte.

„Wisal, sag, ich bin ein Roboter."

So ging es eine ganze Weile weiter. Alle gaben sie Befehle und Wisal, schon ganz außer Atem, versuchte es umzusetzen. Es sah total lustig aus. Plötzlich bremste er, warf sich auf den Rücken und stöhnte. „Das ist voll doof, ein Roboter zu sein, immer machen, was andere sagen. Das macht keinen Spaß. So was Blödes. Ich will kein Roboter mehr sein. Lieber mache ich das, was ich will, und nicht das, was mir alle sagen."

Sophia plusterte sich auf. **„So ist es. Es ist viel besser, selbst zu entscheiden, was man tun möchte und sollte. Auch wenn es oftmals etwas falsch ist, lehrt es uns doch an Erfahrungen. Wenn wir immer gesagt bekommen würden, was wir machen sollen, wie sollen wir dann Erfahrungen sammeln und unser eigenes Wesen entwickeln."**

Samson überlegte angestrengt. „Das stimmt, das Leben ist viel lustiger und fröhlicher, wenn man selbst entscheiden kann, was man tut. Also, so ein Roboter hat wirklich ein trauriges Dasein. Keine eigene Meinung, keine Gefühle, keinen Spaß."

„Er ist ja was zum Spielen", sagte Wisal, „doch selbst da finde ich ihn jetzt doof, wo wir darüber geredet haben. Was nützt mir ein Ding, das alles macht, was ich möchte? Ist doch langweilig wenn man nicht mal Widerworte bekommt. So eine Diskussion ist doch auch etwas Schönes. Seine Meinung zu vertreten und vor allem mit einem reden. So ein Roboter quatscht ja nur nach, was ich ihm sage."

Cody schaute auf Nummer 5, der noch immer in der Wiese lag. „Also, ich möchte auch kein Roboter sein. Immer machen, was andere sagen."

„Was hat sich der Mensch da wieder ausgedacht und er findet es auch noch toll?" Malu verstand wieder mal die Menschen nicht. „Wie sollen die Menschenkinder etwas lernen, vor allem ihre eigenen Erfahrungen machen, wenn sie solche Spielsachen bekommen? Ich verstehe so einiges nicht. OK, ich finde es gut, dass man so ein Ding bei einem Handicap einsetzt, jedoch als Spielzeug – nein das finde ich echt nicht gut."

„Es gibt so viele Dinge, die unnütz sind. Doch leider sind viele wie Roboter, nur merken sie es nicht." Sophia schmunzelte. „Viele lassen sich zu jemanden machen, der sie gar nicht sind. Sie lassen sich formen und in eine Rolle pressen, obwohl sie ganz anders sein möchten. Sie verstecken ihr wahres Wesen, da sie glauben, dass sie nicht akzeptiert werden, wenn sie nicht im Strom mitschwimmen. Doch warum? Anstatt dass sie ihr eigenes Wesen zeigen und ihre Wünsche und Gedanken aussprechen, ihre eigenen Erfahrungen machen, hören sie auf andere, weil sie denken, dass sie sonst nicht geliebt werden. Echt krass, dieses Fehldenken."

„Wow, also, wir sind so, wie wir sind", sagte Malu. „Deshalb verstehen wir uns auch so gut. Denn jeder von uns hat sein eigenes Wesen, das wir jedoch so akzeptieren, wie es ist. Jannik und Samson, die Chaoten, Lisa, unser kleiner Falke, ich, der immer für einen Spaß aufgelegt ist, Sophia, die Stimme der Vernunft, und auch Mirko, der uns oft wieder auf die rechte Bahn bringt."

„Malu du hast Recht", fand Wisal, „keiner von uns ist ein Roboter und will es sein. So etwas brauchen wir nicht. Das doofe Ding könnt ihr wieder mitnehmen. Ich habe es auch nur gefunden, weil ich wollte, dass dieser Müll aus unserer Natur entfernt wird. Also, Cody, nimm den Blechhaufen mit und am besten gleich in die Mülltonne."

Die Kinder lachten über Wisal und schnappten sich den Roboter.

„Das stimmt, ich werde ihn direkt entsorgen, denn Lehrreich für unser Leben ist der hier nicht", sagte Cody.

Die Kinder winkten kurz und machten sich mit Moja auf den Rückweg zum Dorf. Malu flatterte auf. „So, was machen wir mit der angefangenen Nacht?"

Wisal schupste Samson an. „Wir spielen etwas fangen oder verstecken oder lasst uns Wasserbombe am See spielen …" Schon flitzten sie los.

Malu konnte ein Grinsen nicht unterdrücken. „Kommt, wir Flugtiere machen den Nachthimmel unsicher. Wer die besten Loopings fliegt …" Es war ein Gelächter zu hören, das über die ganze Wiese schallte.

Generationen

Glutrot erschienen die ersten Strahlen der Sonne am Horizont. Von den Wiesen stieg Nebel auf, in dem sich das Licht brach. Der Wald erwachte langsam und die Vögel stimmten ihr Morgenlied an. Das kleine idyllische Dorf lag mitten in dieser atemberaubenden Naturlandschaft. Ein kleiner Weg führte aus dem Dorf, direkt durch die schönen Naturwiesen in das kleine Wäldchen. Als sich das Licht im Nebel brach, erschienen auf diesem Weg zwei Gestalten. Eingemummelt in dicke Jacken und mit roten Nasen liefen sie schweigend auf den Wald zu. Es waren ein vom Leben gezeichneter, alter Mann und ein kleines Mädchen, vielleicht elf bis zwölf Jahre alt. Ihre Hand lag vertrauensvoll in seiner und sie spazierten in Gedanken versunken nebeneinander her. Als sie den Waldrand erreichten, schauten sie sich um und betrachteten das bizarre Schauspiel, das vor ihnen am Himmel erschien. Die Farben, die den Himmel brennen ließen und durch die Wolken durchbrochen wurden. Der alte Mann sprach: „Schau genau hin, Gina. Dies ist ein einzigartiges Schauspiel, das uns heute die Natur beschert. Jeder Tag beginnt mit einem kleinen Naturwunder. Lausche auf die Stimmen, die erklingen, das Lied des Morgens. Höre den Gesang der Vögel, das Rauschen der Blätter und das Rascheln, das die Tiere erzeugen, die sich im Morgengrauen auf die Jagd begeben. Spüre die Luft, den leichten Wind und nimm den Duft wahr, den die Natur in diesen Morgenstunden verströmt. Dies, kleine Gina, ist Leben."

Gina schaute sich um. „Das ist Leben, Opa?", fragte sie.

„Ja, genau, das ist Leben. Weißt du, ich bin schon 85 Jahre auf dieser Welt und wenn es einer weiß, dann wohl ich“, schmunzelte er.

Sie gingen tiefer in den Wald, nahmen den Duft der Bäume auf und ließen die Stille auf sich wirken. Vor einer großen Eiche stand eine Bank, schon etwas verwittert und vom Leben gezeichnet.

„Komm, lass uns hier Rast machen und die Natur genießen.“

Gina setzte sich neben ihren Opa und überlegte angestrengt. Da hörten sie es in der Luft rauschen und Malu flatterte herbei. „Hallo, ihr zwei, was macht ihr hier. Ich bin auf meinen Heimflug, doch als ich euch sah, musste ich halt machen.“

Der alte Mann lachte. „Hallo Malu, ist es nicht etwas früh für dich? Komm setz dich zu uns, meine Enkeltochter ist zu Besuch und ich möchte ihr das Leben zeigen.“

Malu landete und schaute Gina an. „Das Leben kann dir dein Opa Georg erzählen. Er kennt es sehr gut.“

Gina schaute sprachlos zu Malu. „Opa hat mir schon viel von dir erzählt, doch dass ich dich heute Morgen antreffe, hätte ich nicht gedacht.“

„Ja Ausnahmen bestätigen die Regel. Normalerweise schlafe ich um diese Zeit schon, doch heute bleibe ich noch etwas bei euch.“

Gina drehte sich zu ihrem Opa um. „Sag mal, Opa Georg, kannst du mir etwas über das Leben erzählen, das du gelebt hast?“

Der alte Mann sah seine Enkelin von der Seite her an, dann seufzte er tief. „Du willst etwas über die guten, alten Zeiten wissen. Na, dann werde ich dir ein bisschen erzählen.“ Lange schwieg Georg. Dann begann er zu sprechen. „In meiner Kindheit war das Leben einfach. Wir lebten auf einem Bauernhof und schon als Kind musste ich mit anpacken und helfen. Wir waren viel in der Natur, machten Heu auf dem Feld und halfen, im Stall die Kühe zu melken. Wir wurden viel zu schnell erwachsen. Dann kam der Krieg und ich wurde eingezogen. Ich kämpfte für das Vaterland und kam nach Jahren zurück, um mein Zuhause in Trümmern vorzufinden.“ Georg machte eine Pause.

„Opa, das ist schlimm gewesen, was hast du dann gemacht?“

„Das Leben ging weiter. Weißt du, es hilft nichts, sich hinzusetzen und zu jammern. Wir waren eine stolze Generation und so machten wir uns daran, alles wieder aufzubauen. Ich suchte mir Arbeit, bei deiner Oma auf dem Hof fand ich diese. Sie gab mir ein Zuhause, das ich nicht mehr hatte. Deine Oma lehrte mich das Leben wieder zu meistern. Durch den Krieg verlor ich einen Teil meines Augenlichtes und wie du sehen kannst, sind auch hier und da noch einige Schrotkugeln in mir vorhanden. Doch niemanden störte diese Einschränkung, die ich mitbrachte. Ich wurde in die Familie aufgenommen, so wie ich war, mit all meinen Gebrechen.“

Gina lachte. „Klar gehörst du zu unserer Familie. Ich finde es toll, so einen Opa zu haben.“

Malu lachte schallend los. „Ja, auch wir sind froh, dass wir deinen Opa Georg kennen. Er hilft uns und der Natur sehr viel.“

Georg überlegte: „Schau mich an, Kleines, ich sitze hier, in dieser wunderschönen Natur, mit meiner supernetten Enkelin und Malu, einer Fledermaus, und fühle mich wohl.

Was will ich mehr im Leben erreichen? Das Leben birgt so viel Schönheit. Erinnern sollte man sich immer an die guten Augenblicke, die man erlebt hat. **Wenn du alle schönen Momente deines Lebens zusammen auf einen Berg legst und die nicht so schlechten daneben, wirst du feststellen, dass der Berg mit den schönen Erinnerungen viel größer ist.**"

„Was zählt zu den schönen Augenblicken?", fragte Gina.

„Dazu zählen alle kleinen Dinge im Leben, die das Herz hüpfen lassen. Es kann ein Lächeln sein, das dir deine Mama am Morgen geschenkt hat. Es kann ein fröhlicher Gedanke sein, der durch deinen Kopf huscht. Auch ein tolles Erlebnis oder ein glücklicher Moment. Schöne Augenblicke müssen nicht etwas Großes sein. Oftmals sind es gerade diese kleinen Momente, die uns Freude bringen. Sich daran zurückerinnern ist die wahre Kunst des Lebens. Wenn es dir mal nicht so gut geht, denke zurück. Horche in dich hinein, da drin stecken sie, diese kleinen Augenblicke der Freude. Du musst sie nur herauslassen. Nimm uns beide. Wir verbringen einen schönen Augenblick, an dem wir uns in ein paar Jahren gerne wieder zurückerinnern werden."

Gina schaute schweigend durch das Blätterdach in den Himmel. „Opa, das Leben ist wirklich kompliziert. Doch wenn ich diese Schönheit hier um mich herum sehe, diese sagenhafte Natur, diesen Himmel, dann erkenne ich, was du meinst. Deine Kriegsjahre und Erfahrungen waren schwer, doch du hast nach einem Licht gesucht, in dieser dunklen Zeit, und meine Oma gefunden. Deine guten, alten Zeiten sind die schönen Augenblicke, die dir das Leben beschert hat."

„Das stimmt. Auch heute noch, wo die ganze Welt in Technik versinkt und viele nur Dunkelheit sehen, gibt es das Licht. Steh auf, geh um die Bank, umarme die große Eiche und sag mir, was du dabei empfindest."

Gina schaute etwas verstört ihren Opa an, dann Malu, doch sie folgte. Sie stand vor dem großen dicken Stamm und schaute daran empor. Dann breitete sie ihre Arme aus und legte sie so weit herum, wie es nur möglich war. Ihre Wange lag an der Rinde. Sie atmete tief durch. Es kam ihr so vor, als würden die Vögel des Waldes ihr Lied lauter anstimmen. Sie nahm ein Rauschen wahr und ein unbeschreibliches Gefühl ließ ihr Herz klopfen. Als sie die Augen schloss, zog eine Ruhe in ihren kleinen Körper und sie hatte das Gefühl, schwerelos zu sein. Lange Zeit stand sie so da. Ganz langsam entfernte sie sich von der Eiche und sah ihren Opa und Malu an. „Wow, was war das?"

Leise sprach Malu: „Das, was du gefühlt hast, ist der Atem des Lebens, die Magie der Natur. Sie gibt uns unsere Kraft und macht unser Leben erst lebenswert. **Es ist nicht wichtig, wie viele Jahre du lebst. Wichtig ist, dass du sie erlebst.** Weißt du, die Menschen denken immer erst an die schlimmen Dinge, dabei sind die schönen Dinge viel wichtiger. Viele in älteren Jahren jammern, wie schwer doch ihr Leben war. Sie jammern über jedes Wehwehchen, anstatt dass sie glücklich darüber sind, es bis hierhin geschafft zu haben. **Egal, wie viel dunkle Erfahrungen das Leben überschattet, wenn man bewusst die kleinen, schönen Augenblicke herauspickt und zusammensetzt, ist diese helle Lebensspanne viel länger. Jammern kostet Zeit, die man sinnvoller verbringen kann.**"

Gina lächelte Malu an. „Ja, du hast Recht und wer sollte es auch wissen, wenn nicht Opa Georg, der so viele Jahre schon auf dieser Erde wandelt. Lass uns noch etwas Zeit hier verbringen. Lass uns einen kleinen, besonderen Augenblick erschaffen, an dem wir uns in einigen Jahren zurückerinnern können."

„Ich muss leider in meine Höhle flattern, der Tag ist nicht meine Zeit. Schafft euch beide noch ein paar schöne Momente und vergesst nicht, das Leben ist einzigartig." Flugs flog Malu davon.

Gina und Georg saßen noch eine lange Zeit schweigend nebeneinander auf der alten, von den Jahren und dem Wetter gezeichneten Bank im Wald. Um sie herum entfaltete sich die Magie des Waldes. Man hörte einen Specht an den Baumstamm klopfen, das Keckern von spielenden Eichhörnchen, als sie sich durch die Äste jagten. Vor ihnen, aus dem Unterholz, lugten zwei Ohren hervor, war es ein Fuchs oder ein Luchs? – Zu schnell, um es zu erkennen, waren die Ohren wieder verschwunden. Von oben, aus der großen Eiche, schaute Imani, der Bussard, herab auf die beiden Gestalten, die auf der Bank saßen. Die Sonne lachte am Himmel und ihre Strahlen warfen bizarre Muster in den Wald und beleuchteten die Bäume und Sträucher. Stellenweise sah der Wald wie ein verwunschener Ort aus. Die Magie hatte die zwei Generationen zu einer vereint. Sie mussten nicht mehr reden, denn sie verstanden sich, auch ohne Worte.

„Schönheit liegt im Auge des Betrachters.“

Steinwüsten

Dichte Wolken zogen am Himmel entlang, als die Nacht hereinbrach. Malu flatterte durch den Wald, der heute besonders dunkel erschien. Doch auch solche Nächte trugen ihren Zauber in sich und er erfreute sich über die Geräusche der Natur, die erklangen. Hier und da huschte ein Nachttier am Boden entlang und der leichte Wind ließ die Blätter der Bäume ein Lied singen. Sein heutiger Weg führte ihn zum Dorf. Er hatte gehört, dass es eine Neubausiedlung gab, diese wollte er sich einmal anschauen. Die älteren Häuser des Dorfes erschienen vor ihm und er erfreute sich an den tollen Gärten mit ihrem alten Baumbestand. Er flatterte weiter hindurch, bis er die ersten neuen Häuser sah. In der wolkenbehangenen Nacht sahen sie etwas gruselig aus, noch ohne Lichter, die daraus erstrahlten. Als er darüber flog, erschauerte er. Irgendwie erschien es ihm gruselig. Was hatte der Mensch hier erschaffen? War das die neue Art zu leben? Entsetzt schaute er sich um. Die Häuser sahen komisch aus, so eckig und mit riesigen Fensterfronten. Wo waren die Gärten? Unter ihm regte sich was und er flatterte sogleich hinab. „Hallo, wer bist Du?“

„Hi, ich bin ein Grashüpfer und ich heiße Fynn.“

„Ich bin Malu. Sag mal, wo sind die Gärten?“

„Gärten? Schau dich um, das sind die neuen Gärten der Menschen. Steine. Überall Steine.“

„Wie doof ist das denn? Wie soll hier was wachsen und wo sollen die Sammler und Kleintiere leben?“

„Tja, frag mal die Menschen. Die denken nur daran, dass sie nicht Rasen mähen müssen und Unkraut zupfen. Dass die kleinen Tiere sie so nicht belästigen. Sie wollen uns nicht hier haben und finden diese Steinwüsten noch schön."

Unter Malu regte sich was. Es wackelte und er verlor fast den Halt. „Oh, was ist da los?" Er ließ sich auf die Steine am Boden nieder und drehte sich um. Der große Steinklotz, auf dem er gelandet war, bewegte sich und zwei Augen erschienen. „Habe die Ehre – ich bin Guillermo ein Gargouille."

„Ein Gargouille? Du bist ein Steinklotz und du redest."

„Tja, warum, bitte schön, sollte ich nicht reden? Nenn es einfach Magie. Ich bin ein Magiewesen der Nacht. Einst stand ich auf einer großen Kathedrale als Steinwächter, dann in einem wunderschönen wilden Naturgarten. Viele Tiere wimmelten um mich herum. Doch nun schaut, wo ich hier stehe. Inmitten von trostlosen, leblosen Steinen. Ich verstehe die Welt nicht mehr. Wo sind die Blumen und Bäume hin? Die saftigen Wiesen und die kleinen Tierchen. Was soll nur aus mir werden? Wenn ich die Magie der Natur nicht mehr um mich habe, wird auch meine vergehen und ich werde irgendwann in der Nacht auch nur ein Stein bleiben. Ein totes, lebloses Stück Fels."

Lautlos schwebte Sophia herbei. „Guten Abend, was treibt ihr hier in dieser Steinwüste?"

„Ach, Sophia, schau, was die Menschen hier gemacht haben. Sie haben das Leben einfach zugeschüttet."

Fynn seufzte tief auf. „Es ist erschreckend. So große Flächen und alles nur Steine. Wo sollen wir leben und unser abendliches Zirpen erschallen lassen, wenn es hier keine Wiese gibt? Warum machen die Menschen das?"

„Es ist nicht nachvollziehbar, wie hier einzelne Menschen denken. Vor allem bedenken sie gar nicht, dass dies auch für sie schlecht ist. Zum Beispiel, wenn es regnet, wo soll das Wasser hin? Bis es durch die Steine sickert gibt es schon eine Überschwemmung. Die meisten haben noch Folie unter den Steinen, dass ja kein Pflänzchen seinen Weg hindurch findet. Dann nehmen wir die Hitze. Wenn die Sonne im Sommer auf die Steine trifft, heizen sie sich auf und geben die Hitze wieder ab. Sie sind wie Wärmespeicher. Doch die größte Gefahr ist, dass hier keine Blumen und Bäume vorhanden sind. Wie wir wissen, filtern Bäume die Luft und produzieren Sauerstoff und auch Blumen haben ihre wichtige Funktion. Dadurch, dass keine natürliche Fauna da ist, haben unsere kleinen Sammler, wie Bienen und Schmetterlinge, keine Nahrung. Die kleinen Wesen die ihr Gemüse wachsen lassen, das sic täglich essen, vertreiben sie. Der Witz ist, das sicher einige Besitzer dieser Steingärten Vegetarier sind. So haben wir hier den totalen Widerspruch. Sie wollen sich von Gemüse und Obst ernähren, doch die es wachsen lassen, durch Bestäubung, denen nehmen sie ihre Heimat. Klar stellen sie Kübel mit solitären Pflanzen hin und wieder in die Steinwüste, doch diese sind meistens aus gebeizten Samen, dass sie besonders prachtvoll erblühen, und das wiederum ist Gift für die Sammler.“ Guillermo schüttelte seinen steinernen Kopf. „Ich habe auch schon gesehen, dass sie hier so weißes Pulver verstreut haben. Die Ameisen sind daraufhin gleich geflüchtet. Eine erzählte mir, dass sie daran sterben und das Risiko nicht eingehen wollen. Eine kleine Spinne versuchte ihr Netz an der Terrasse zu weben … ich sage euch nicht, was sie gemacht haben. Es war so traurig. Dabei wollte sie doch nur überleben. Fynn, du wirst dir auch wieder eine neue Gegend suchen, denn hier kannst du nicht überleben. Doch ich muss hier verweilen, und was das heißt, brauche ich euch nicht erzählen."

Malu atmete tief durch. „Also, ich finde dies hier einfach nur unverantwortlich. Haben die Menschen denn nichts gelernt? **Die Natur und ihre Magie ist das wichtigste auf dieser Erde. Wenn sie nicht mehr ist – gibt es auch den Menschen nicht mehr.** Guillermo, wir werden deine Magie retten. Wie, weiß ich noch nicht, doch Sophia und ich flattern direkt mal zu Mirko, der hat immer gute Einfälle. Fynn, du wartest auch hier auf uns. Wir sind gleich zurück."

Malu und Sophia flogen geschwind zu Mirko. Schon von Weitem rief Malu. „Mirkooooo wir brauchen eine Idee. Schnell, wir müssen Guillermo retten."

Mirko krabbelte herbei. „Wer ist Guillermo und welche Gefahr droht ihm?"

„Ach, Mirko, es ist so entsetzlich. Die Menschen schütten ihre Gärten mit Steinen zu und nun ist Guillermo, er ist ein Gargouilles, dazwischen eingesperrt und seine Magie stirbt. Er braucht dringend Natur um sich."

„Mmh, was sollen wir machen? Die Steine können wir nicht wegschaffen, selbst mit allen Freunden nicht und vor allen wirft sie der Mensch dann wieder hin. Lass mich mal überlegen." Mirko baumelte an seinem Faden hin und her. „Mmh, also ich hätte da eine Idee. Sophia, lass mich in dein Gefieder krabbeln und dann fliegen wir zu Zacharias und Lynns Waldhütte. Mal sehen, ob sie noch wach sind."

Malu flitzte voraus und landete auf der Veranda. „Oh schön, dass ihr beiden noch wach seid. Wir brauchen eure Hilfe."

Lynn lachte Malu an. „Das freut uns, dass ihr kommt. Wir wollten euch auch etwas zeigen. So passt es perfekt. Was können wir für euch tun."

Sophia schwebte heran und Mirko krabbelte sofort zu Zacharias auf die Beine. „Na du alter Haudegen, weißt du heute, wer ich bin?" Mirko grinste Zacharias an.

„Klaro, warum sollte ich das nicht wissen, du bist ein Hamster."

Ganz empört schaute Mirko auf. „Ein Hamster? Ich? Sag mal, Lynn, ist heute wieder so ein schlechter Tag oder ein guter Tag."

Malu und Sophia gluckten verstohlen.

„Mirko, heute geht es Zacharias gut. Auch wenn er Alzheimer hat und oft nichts mehr weiß, so kennt er euch doch."

Zacharias knuffte vorsichtig Mirko mit dem kleinen Finger in die Seite. „Hey, hab ich dich erschreckt, hihi. Was gibt's, dass ihr uns besucht."

Malu hängte sich an die Veranda und schwang hin und her. „Die Menschen schütten die Natur mit Steinen zu und nun steht Guillermo, der Gargouilles mittendrin und stirbt, wenn wir ihm nicht helfen. Wir brauchen eure Hilfe."

Lynn schaute Malu ernst an. „Ich weiß, wovon du sprichst. Du meinst das Neubaugebiet hinterm Dorf. Ich habe es gesehen, es ist schrecklich. Du sagst, da steht ein Gargouilles herum."

„Ja, und er heißt Guillermo und er stirbt, wenn wir ihm nicht helfen."

Zacharias grummelte in seine Decke. „Mmh, dann hol ihn doch hierhin. Wir haben eine neue Wiese, sowas Blaues."

„Was Blaues?" Sophia sah zu Lynn.

„Ach, er meint die neue Lavendelwiese, die ich gepflanzt habe. Es soll ein Paradies für die kleinen Sammler werden. Doch wie bekommen wir diesen Guillermo hierhin? Wir können ihn doch nicht einfach stehlen.“

Mirko überlegte. „Also, ich denke, wir haben hier die perfekten Ganoven dafür. Passt auf, wir machen es so …“ Mirko flüsterte ganz leise und dann machten sie sich auf den Weg zurück zur Neubausiedlung. Dort angekommen sprachen sie Guillermo Mut zu und versprachen ihn, dass er morgen schon in einer tollen Umgebung aufwachen würde. Fynn nahmen sie Huckepack mit auf die große Wiese. Sophia flog noch zu Imani, um ihn über die neuesten Entwicklungen aufzuklären, denn er war derjenige, der nun weiter handeln musste.

Am nächsten Abend wartete schon Mirko auf Malu am Höhleneingang und auch Imani und Sophia waren da.

„Komm Malu, wir fliegen direkt zu Zacharias. Imani holt noch Fynn von der Wiese und dann schauen wir, ob alles geklappt hat.“

Imani hatte ein Grinsen auf dem Gesicht. „Es hat alles geklappt, doch wie es genau abgelaufen ist, das erzählen wir euch später.“

Sie flogen unter dem Abendhimmel hindurch zur kleinen Lichtung, auf der das Haus von Zacharias und Lynn stand. Auf der Veranda wurden sie schon erwartet. Kaum dass sie sich niedergelassen hatten, flog schon Imani mit Fynn herbei.

„Wow, das ist sooooo toll, so hoch zu fliegen. Das könnte ich öfters machen.“ Fynn schaute sich um. „Habe die Ehre, ich bin Fynn.“ Er verbeugte sich vor allen.

Zacharias schaute von seinem Schaukelstuhl auf und lachte alle an. „Schau mal, Lynn, so viele Tiere. Wie früher, als sie mich immer besuchten. Ich kann mich noch an die kleine Fledermaus erinnern, ich glaube sie hieß Masuli."

Malu seufzte tief auf. „Nee nicht ganz, sie heißt Malu und das bin ich. Mich gibt es immer noch."

„Heute ist kein so guter Abend für Zacharias, doch wir werden sehen, wie er sich gestaltet. Die Krankheit hat öfters helle Momente. Vielleicht schafft ihr es ja, ihm ein paar davon zu bescheren."

Die Tür der Hütte ging auf und der alte Georg aus dem Dorf trat hervor. „Guten Abend, schön, dass ihr da seid. Mal ehrlich, wer hat sich das wieder ausgedacht? Jedoch war es recht lustig und die Sache war es wert." Er lachte in sich hinein und suchte sich einen Platz.

Vom Wald her flitzten Jack und Paul, die Eichhörnchen, herbei, mit Wisal im Schlepptau. „Huhu, wir seien auch da. Mensch was war das spaßvoll. Fast wie früher in mein Heimat, in Amerika." Jack war ein schwarzes Eichhörnchen und ein Zuwanderer im Wald. Wisal legte seinen Teddy, den er mit sich schleppte, in Zacharias' Schoß und hüpfte auf Lynns Beine.

„Hey, das ist Wisals Teddy, wie kommt der bloß hierher?" Zacharias wunderte sich. Alle schauten gespannt auf Zacharias, doch schon wieder war er in Gedanken versunken und streichelte abwesend den Teddy. Mirko seilte sich an einem Faden ab. „So und nun erzählt mal, wo ist Guillermo."

„Seht selbst." Georg erhob sich und trat an das Verandageländer und blickte hinab. Vor der Veranda erstreckte sich die neu angelegte Lavendelwiese und mittendrin stand Guillermo. Was etwas komisch aussah, waren die kleinen Steinhaufen, die verteilt zwischen den Lavendelstöcken aufgetürmt lagen. Alle blickten runter auf die Wiese, die noch etwas trostlos wirkte, da der Lavendel noch nicht blühte. „Maluuuuu, schau mal, wo ich hier stehe. Ist das nicht wunderschön? Endlich raus aus der Steinwüste. Hier kann sich meine Magie richtig entfalten." Guillermo, der Gargouilles lächelte allen entgegen.

„Das freut mich, dass es dir hier gefällt, doch jetzt wollen wir wissen, wie Georg es geschafft hat, dass du hier bist."

Georg schmunzelte. „Also, das war so. Als Imani mich um Rat fragte, fiel mir gleich ein, dass diese Menschen in der Neubausiedlung ja entsetzliche Angst vor der Natur haben. Der Sinn dieser Steingärten ist ja nicht nur, dass sie wenig Pflege machen wollen, sondern auch, dass sie keine Insekten und Tiere in ihrem Garten wollen, die sich eventuell niederlassen. Also habe ich an Wisal gedacht. Als Waschbär ist er für die Menschen ein nerviges Geschöpf und als sich dann auch noch Jack und Paul einklinkten, war die Idee perfekt."

„Wir sind einfach hin und haben aus den Steinen eine Burg gebaut und Berge. Jack hatte die Idee, Laub und Äste an zu schleppen, da es so trostlos war um die Burg. Es war sooooo toll, aus den Steinen etwas Tolles zu bauen. Guillermo schmückten wir mit Efeuranken, und Wiesenblumen. Er sah wirklich toll aus." Wisal kicherte. „Dann kamen die Neubesitzer und sie bekamen fast einen Herzinfarkt, als sie sahen, was wir mit den ganzen Steinen angefangen haben. Dazu kam noch, dass Trisha, die Honigbiene, mit ihren ganzen Sammlerfreunden in die Burg einzog, angelockt von den Blumen."

Paul bekam sich gar nicht mehr ein vor lachen. „Dann kam Georg angepummelt. Gemächlich spazierte er vorbei, blieb stehen, schaute bewundernd das Chaos an und sagte: „Wow was für ein toller Garten."

Georg gluckste. „Der Mann stand mit offenem Mund da und schaute mich ganz entsetzt an. *Was, schöner Garten, das war er, bevor diese Viecher sich hier breit machten. Wir dachten, wir sind die los, wenn wir Steine nehmen.* Da sagte ich zu ihm: Wissen Sie, die Natur lässt sich auch nicht von so ein paar Steinen aufhalten. Denn auch aus Steinen, die im Weg liegen, kann man etwas Schönes bauen. Die Natur holt sich ihren Platz zurück. Es mag wohl eine Weile schön aussehen, die ganzen Steine, doch irgendwann gräbt sich ein kleines Pflänzchen hindurch. Die Vögel lassen Samen fallen und diese wiederum suchen sich ihren Weg. Kleine Tiere wie Ameisen und auch viele Käfer mögen Steine, worunter sie sich verstecken können. Naja, und Schlangen liegen auch gerne auf den Steinen, weil sie warm werden, wenn die Sonne darauf scheint. *Waaaasssss Schlangen?,* schrie der Mann gleich los. Ich hatte natürlich etwas übertrieben. Naja und dann sagte ich: Ach und einen Gargouilles habt ihr auch noch hier stehen. Das ist ein magisches Wesen, das die Natur nur so anzieht."

Wisal hopste auf und ab. „Ja, und dann bin ich zu Guillermo geflitzt und habe die Efeuranken bewegt. Es sah wirklich so aus als würde er plötzlich zum Leben erwachen. Hihi, es war so lustig. Der Mann schrie und rannte weg. Im Wegrennen rief Georg ihm zu: *Hey, kann ich den*

Gargouilles mitnehmen? Der Mann drehte sich kurz um und rief: *Jaaaa, nehmen Sie alles mit, auch diese Viecher.*"

Alle kugelten sich vor lachen. „Es war wirklich lustig. Vor allem, wie Georg seine Schubkarre holte, die er an einer Ecke geparkt hatte, und Guillermo auflud. Jack und Paul wollten unbedingt noch ein paar Steine mitnehmen, für die Tiere, die Steine liebten, sagten sie."

Imani schmunzelte. „Ich war ja nur stiller Beobachter. Doch glaubt mir, als Georg die Schlangen erwähnte musste sogar ich aufpassen, dass ich nicht vor lachen vom Himmel fiel. Das Gesicht des Mannes war einmalig."

Malu schüttelte den Kopf. „Wisst ihr, was das Schlimme an der ganzen Sache ist? Dass diese Menschen, die ihre Gärten mit Steinen zuschütten, gar nicht wissen, dass die Natur stärker ist und sich ihren Weg suchen wird. Es mag zwar im ersten Moment schön aussehen, doch nach einiger Zeit haben sie mehr damit zu tun, als wenn sie eine Wiese hätten und Blumen. Die Natur wird immer siegen. Egal, ob Steinwüsten oder Betondecken."

Lynn sah in die Runde. „Malu, da hast du Recht. Es gibt so viele Gebäude, sogar aus Stahl gebaut. Sie sind nun nur noch Ruinen und wenn man sich diese anschaut, sieht man, wie die Natur ihren Platz zurückerobert. Ich habe neulich erst einen Bericht im Fernsehen gesehen, über ein altes Kohlewerk. Es wurde stillgelegt und überall haben sich Pflanzen, Bäume und Blumen ihren Weg zurückerobert. Sogar Füchse, Igel und seltene Kleintiere haben darin Wohnraum gefunden. Es ist das reinste Paradies."

Zacharias schaute auf. „Es gibt auch viele alte Burgruinen, die mittlerweile von der Natur zurückerobert wurden. Seinen Garten in eine Steinwüste zu verwandeln, ist der

Mühe nicht wert. Da mag ich lieber Blumen und erfreue mich an den Tieren, die unseren Garten besuchen."

Sophia plusterte sich auf. „Guillermo hat nun einen schönen magischen Platz, hier auf der neuen Lavendelwiese von Zacharias und Lynn. Er ist nun der Wächter über die kleinen Sammler, die den Weg hierhin finden."

„Ja, wieder einmal hat sich gezeigt, dass man zusammen viel bewegen kann. Sagt mal wo steckt eigentlich Fynn?", fragte Mirko.

„Huhu, ich bin hier unten. Schaut mal, hier gibt es eine tolle Steinhöhle für mich, inmitten der Lavendelwiese. Hier lasse ich mich nieder und unterhalte Zacharias mit meinem Zirpen."

Malu lächelte. „Na das ist fein, nun habt ihr neben dem Gargouilles auch noch einen Grashüpfer als neuen Bewohner. Jetzt fehlen nur noch die Sammler."

„Nee, die fehlen nicht, wir sind schon da", brummte es neben Malu und Maddox die Hummel mit Trisha, der Wildbiene, erschienen. „Wir haben den tollen Lavendel gerochen und auch wenn noch kaum Blüten da sind, werden wir schon mal etwas das Sammeln anfangen."

Es wurde noch eine lange Nacht auf der Veranda. Der Mond schien hell und in seinem Lichtschein sah man einen glücklichen Gargouilles inmitten der Lavendelwiese sitzen. Das Leben ist so schön, wenn man die Magie und Kraft der Natur zu schätzen weiß.

Vergessene Antwort

Der Abend zog mit dunklen Wolken herbei. Nur ab und an blinzelte ein Sternlein dazwischen hernieder. Malu reckte und streckte sich in seiner Höhle und flatterte in die Nacht. Am Eingang erblickte er Mirko. „Huch, Mirko, ist das heute dunkel. Wo sind die Sterne geblieben?“

Mirko lachte. „Tja, auch Wolken muss es mal geben. Sie bringen meist Regen und den brauchen wir und die Natur auch dringend.“

Malu grinste. „Ja, du hast Recht. Also freuen wir uns heute über die Wolken und davon einmal abgesehen, die Sterne sind immer noch da, nur sind sie hinter den Wolken verborgen.“

Mirko baumelte an seinem Faden. „Wohin willst du heute fliegen?“

„Ach ich werde mal schauen, ohne Ziel, einfach mal losflattern. Wenn was Interessantes passiert schicke ich Sophia zu dir, sie kann dich dann abholen.“

Malu schwang sich in die Wolken und man sah nur einen schwarzen Schatten, wenn man genau hinsah. An der großen Eiche machte er Halt. „Sophiaaaaaa!“, rief er ganz laut und sah sich um. Zwischen den Ästen huschte Saira, das Eichhörnchen, herbei. „Malu, guten Abend. Bist du noch nicht bei der großen Lichtung?“

Malu stutzte. „Was soll ich da? Hab ich was verpasst?“

„Ach wahrscheinlich hast du es noch nicht mitbekommen. Imani flog gerade vorbei und sagte mir, dass ich dahin kommen soll, und Sophia holt gerade Mirko ab. Ihr habt euch sicher verpasst.“

„Das kann sein. Unter den dunklen Wolken sieht mich ja keiner. Dann komm, gehen wir auch dahin."

Malu flatterte los und Saira hüpfte von Ast zu Ast, um ihm zu folgen. An der großen Lichtung angekommen sahen sie, dass schon einige andere Tiere vor Ort waren. Auf dem großen gefallenen Eichenstamm saß Morla, das alte Mädchen aus dem Dorf. Es hatte einen Zettel in der Hand und sie erschien Malu sehr traurig. Also flatterte er direkt zu ihr. „Guten Abend, Morla, warum bist du so traurig und was machst du hier im Dunkeln?"

Morla sah auf. „Guten Abend, Malu. Traurig – nein – traurig bin ich nicht. Es ist ein schöner Abend, trotz dunkler Wolken, denn wir wissen ja, dass die Sterne dahinter leuchten. Ich bin hierher gekommen, um etwas mit euch zu teilen, das ich heute auf dem Dachboden gefunden habe."

Große Unruhe entstand, als Wisal, der Waschbär, mehr purzelnd als gehend heran flitzte. „Du hast was gefunden? Was ist es? Gehört es jemanden? Weißt du schon, wer es verloren hat? Zeig mal!" Wisal schnappte nach Luft.

Morla und Malu schauten den kleinen Wicht an und lachten los. „Mensch, Wisal, mach langsam, wir werden schon noch alles erfahren von Morla", schmunzelte Malu.

Sie schauten nach oben und sahen Sophia herbei schweben. Sie landete und aus ihrem Gefieder krabbelte Mirko. „Hallo, Imani sagte uns, dass wir hierher kommen sollen. Was gibt es denn?"

Malu verdrehte die Augen. „Also, wenn jetzt jeder erst fragt, was es denn für einen Grund gibt, werden wir ihn nie erfahren. Lasst uns doch warten, bis alle da sind und dann wird uns Morla schon verraten, was sie gefunden hat."

Die letzten Nachzügler kamen zwischen den Bäumen hervor. Galdur, der Maulwurf, grub sich ans Licht und Themba, der Wolf, mit seinem Rudel legte sich gemütlich auf die Wiese. Wisal hüpfte auf seinen kleinen Beinchen auf und ab. „Ist es jetzt so weit? Können wir endlich erfahren, was du gefunden hast?"

Themba sprang auf und packte Wisal im Nacken. Er grollte und Wisal fing an zu zittern.

Malu musste grinsen. „Themba, lass ihn los. Du weißt doch, wie er ist."

Themba ließ Wisal ganz vorsichtig fallen. Wisal drehte sich um und feixte ihn an. „Mach das nicht noch mal, ich mag dein Wolfsgesabber nicht in meinem Fell."

Themba knurrte und Wisal flitzte ganz schnell zu Morla auf den Schoß. Alle lachten herzhaft und Themba am meisten.

„So, meine lieben Freunde", sagte Morla. „Ich möchte euch gerne an etwas teilhaben lassen, das für mich heute Morgen ein sehr bewegender Moment war."

„Was denn?" Allgemeines Aufstöhnen ging über die Lichtung.

„Wisal, warte es doch mal ab", seufzte Mirko.

„Ich habe mir heute Morgen gedacht, das Wetter ist nicht so toll, also räume ich den Dachboden auf. Dabei fand ich eine alte Kiste mit Unterlagen. Als ich so darin rumwühlte, fiel ein Umschlag heraus, auf dem groß mein Name stand. Ich staunte nicht schlecht. Woher er wohl kam? Ich drehte und wendete ihn, doch er war noch verschlossen und es stand kein Absender darauf. Ich ließ alles stehen und liegen und ging mit den Brief in den Garten."

Wisal schaute Morla an. „Was stand da drin?"

Morla streichelte über Wisals Fell. „Weißt du, ich traute mich erst gar nicht, den Brief zu öffnen, denn er sah sehr alt aus. Ich hatte Angst, was darin stehen könnte. Er schien vergessen worden zu sein. Sicher sollte er viel früher den Weg zu mir finden."

„Sag mal, wenn er doch irgendwann vergessen wurde, ist es doch um so schöner, dass er dich nun doch noch erreicht hat", sagte Malu.

„Genau so sah ich das auch und voller Ehrfurcht öffnete ich ihn. Als ich ihn dann las und erkannte, von wem er war, musste ich erst einmal tief durchatmen und meine Tränen wegblinzeln. Ich war voller Emotionen in diesem Augenblick. Deshalb habe ich ihn eingesteckt und bin hierhin in den Wald gewandert. Denn ich dachte mir, dass ich diesen Brief unter Freunden lesen muss."

Wisal staunte nicht schlecht. „Wow, du hast ihn noch gar nicht gelesen? Warst du nicht neugierig?"

Morla lachte. „Ja, doch, das war ich, doch ich wollte es zu einem besonderen Augenblick machen, deshalb habe ich mich entschlossen, diesen Augenblick hier mit euch zu teilen."

Sophia seufzte tief auf und viele Tiere taten es ihr gleich. „Das ist aber lieb von dir."

Es wurde ganz still auf der Lichtung, als Morla den Brief entfaltete und zu lesen begann.

Meine liebe Enkelin,

Wenn dich dieser Brief erreicht, bin ich ein kleines Sternenlicht am Firmament. Sei nicht traurig, denn ich habe viele Jahre gelebt und ich habe mein Leben geliebt. Vor langer Zeit einmal sagte dein Opa zu mir: „Wenn wir von dieser Welt scheiden, dann geht unsere Seele als Licht in den Himmel." Die Hülle, die wir geborgt bekommen haben, ist vergänglich, doch unsere Seele nicht." So wache ich nun von oben und werfe mein helles Licht über dich. Du fragtest mich einmal: „Oma, was ist Leben?" Jetzt ist es an der Zeit, dass ich dir diese Frage beantworte. Schließe deine Augen in Gedanken und sieh genau hin. Sieh mit dem Herzen, denn das Wesentliche ist unsichtbar. Tauche ein, in die wunderschöne Welt des Lebens, die sich Natur nennt. Mitten im Wald, an einem kleinen See, sah man das Schauspiel, das sich allabendlich über die Welt senkte. Höre mir zu: Am Horizont versank die Sonne und verfärbte das Firmament in vielen Rottönen. Der ganze Himmel erschien, als würde er brennen. Die letzten Strahlen warfen bizarre Muster in den Wald und an die Bäume. Wenn man genau hinsah, entdeckte man ein Herz oder ein Kleeblatt. Man musste nur seiner Fantasie ihren Lauf lassen. Das Abendlied der Vögel erklang durch den Wald und das Rascheln im Unterholz, als sich die Tagtiere schlafen legten und die Nachttiere erwachten, erschien einem recht laut. Dann plötzlich senkte sich die Nacht herab und mit ihr kam die Stille, die Stille der Natur. Wie ein Seidentuch legte sie sich über die Welt. Am Himmel leuchteten viele tausend Sterne, sie glitzerten und funkelten wie Diamanten und warfen, zusammen mit dem Mond, ihr Licht in die Dunkelheit der Nacht. Dies ist die Zeit, in der man das Leben in seiner ganzen Kraft spüren kann. Die lauten Geräusche des Tages sind verklungen. Die Hektik, die Kontrolle fällt von einem und macht Platz für das wirklich wichtige im Leben – die Magie. Jetzt ist der Augenblick gekommen, wo du das Leben spüren kannst. Erinnere dich an die vielen kleinen Dinge im Leben, die wertvollen Momente und vor allem atme tief durch. Umarme einen Baum, denn er ist Leben in reinster Form. Ohne ihn würden wir nicht atmen. Er ist ein Lebensspender und Kraftgeber. Wenn du leben willst, schätze diese Monumente der Natur. Bäume gibt es schon seit 400 Millionen Jahren, Menschen erst seit 200 Millionen und der Baum wird die Menschen überleben, wenn sie nicht anfangen, sie als Lebensspender zu schätzen. Leben ist nicht tagein und tagaus arbeiten zu gehen, Filme zu schauen, zu telefonieren, lecker zu essen oder sich Wohlstand aufzubauen. Dies vereinfacht zwar das Dasein, doch das Leben an sich fängt im Inneren an. Überlege dir einmal, ob es dich zufrieden macht, jeden Abend im Fernsehen dir die aktuellen Katastrophen anzusehen. Du bekommst Angst, verkriechst dich und bejammerst dein Dasein, in dieser ach so schrecklichen Welt. In diesem Augenblick hast du zu leben aufgehört. Der Einfluss, der auf dich einwirkt, die Gefahr, die dir gezeigt wird, die Trauer über das Sterben ganzer Tiervölker aufgrund von Bränden in den großen Regenwäldern der Erde. Die Orkane, die über das Land ziehen und viel mitreißen, viel Lebensraum zerstören. Die Epidemien, die ausbrechen und zig Menschen den Tod bringen. Die Kriege, die Menschen sinnlos führen, und die Politik, die mehr redet und weniger handelt. Dies alles lässt dich das Leben nicht erleben. Es liegt jedoch an dir, dass du das Leben findest, die Magie, die damit einhergeht. Lass den Fernseher und das Radio aus, schalte dein Telefon aus und geht raus in die Natur. Such dir ein stilles Plätzchen im Wald und lass die Magie des Lebens durch dich fließen. Spüre die Freiheit in deinem Inneren und lausche den Klängen der Stille. Nimm dir Zeit, in die Sterne zu schauen, lache denen zu, die vergangen sind und auf dich herabblicken. Gedenke ihrer nicht mit Trauer, sondern mit Hoffnung und Liebe. Erfreue dich an diesem Wunderwerk des Lebens. Leben ist in jedem einzelnen von uns und wenn du dich mit Leben umgeben willst, dann geh raus in die Natur. Wenn du Gefallen an dem Leben hast, dann lerne die Natur zu hegen und zu pflegen. Gehe achtsam mit ihr um. Sei dir nicht zu schade, Müll aufzuheben, den andere achtlos hinein geschmissen haben. Akzeptiere die Tiere, die darin leben, denn sie sind die wahren Besitzer der Erde und waren lange vor uns da. Egal, ob Wolf, Fuchs oder Luchs, sie alle haben mehr Rechte, darin zu leben, als wir. Die Menschheit braucht die Natur, um zu überleben, denn sie ist das Leben. Gibt es sie nicht mehr, ist auch der Mensch vergangen. Die Natur wird wieder erwachen, so wie sie es in zig millionen Jahren schon öfters gezeigt hat. Wir, die Menschen, sind vergänglich und nur Besucher in dieser Welt. ***Suche das Leben in dir und um dich herum in der Magie der Natur. Denn das ist Leben – eins sein mit dir selbst und dem Atem der Welt.***

Deine, dich innig liebende Oma.

Morla ließ den Brief in ihren Schoß sinken und sah mit tränenfeuchten Augen in die Runde. Hier und da hörte man ein Schniefen. Plötzlich leuchtete ein Stern zwischen den Wolken hervor und beleuchtete die Lichtung. Er strahlte unnatürlich hell und alle schauten sie gebannt zu diesem Phänomen hinauf. Malu wisperte leise: „Schaut, da erstrahlt das Licht des Sternes. Ein Stern, der immer über dich gewacht hat, Morla, und nun zufrieden und glücklich ist, dass dich die vergessene Antwort erreicht hat.“

Morla wischte sich die Tränen von den Wangen und schaute mit lächelndem Gesicht in den Himmel. „Oma, danke, dass du mir diese Antwort hiergelassen hast. Es bedeutet mir sehr viel. Doch habe ich die Antwort auf meine Frage schon von Malu und seinen Freunden gehört. Doch dass du sie nicht vergessen hast, wird einen festen Platz in meinen Herzen haben.“

Der Stern erstrahlte noch heller und die Wolken verzogen sich und das ganze Firmament fing an zu glitzern. Es kam einem vor, als würden die Sterne lachen.

Die Tiere des Waldes saßen mit Morla die ganze Nacht zusammen. Sie bewunderten die Sterne und ließen die Worte des Briefes in Gedanken verankern. Sie spürten die Magie der Natur in ihrer reinsten Form.

„Wertvoll ist nicht die Masse, sondern die Einzigartigkeit.“

Ausgesetzt

„Maluuuuuu, komm schnell, werde wach, es gibt einen Notfall." Laut erklang der Ruf in der Höhle.

Malu reckte sich und linste unter seinen Flügeln hervor. „Was gibt es denn, Mirko, dass du schon so früh rumbrüllst? Es ist noch nicht meine Zeit."

„Ja, ich weiß, doch wir brauchen deine Hilfe. Außerdem geht die Sonne gleich unter, also mal eine Stunde früher aufzustehen wird dir nicht schaden."

Sophia flog herbei und schaute beide an. „Was ist nun, wollen wir los? Es ist immerhin ein Notfall."

Mirko krabbelte geschwind in Sophias Gefieder. Malu reckte sich noch mal und schon flatterten sie aus der Höhle in die untergehende Sonne hinein.

„Puh, ist das noch hell und diese Hitze ... Wirklich nicht meine Zeit", stöhnte Malu.

Schwupps, schon ging es durch den Wald, wo die Bäume etwas Schutz gaben. „Wow, schaut euch das an. Es sieht aus, als würden die Bäume brennen. Phänomenal. Echt krass, wie sich das Abendlicht auf den Bäumen bricht."

„Malu, das kannst du ein anderes Mal bewundern. Nun komm, wir haben es eilig." Sophia flog voraus zum Waldrand an der Dorfsiedlung. „Schau, Malu."

Malu sah sich um. Unter einem Baum sah er einen kleinen Hund sitzen. „Oh, ein Welpe, ist der knuffig." Malu flog darauf zu und setzte sich in sicherer Entfernung auf einen Ast. „Na du Kleiner, was machst du hier alleine?"

Der kleine Hund schaute traurig auf. „Ich hänge fest. Mein Besitzer hat mich hier angebunden und ist weggegangen. Das war heute Morgen. Ich habe solchen Durst."

Aus dem Wald hörte man ein Rascheln, als Wisal herauspurzelte. „Hallo, ich habe Wasser mitgebracht. Schau, mein Kleiner, nun bekommst du was zu trinken.“ Wisal reckte seine Pfoten dem Hund entgegen, auf denen es noch Nass schimmerte. „Oh, nun ist es weg. Wo ist es nur hin? Gerade hatte ich es noch in meinen Pfoten.“

Malu und Mirko schüttelten den Kopf. „Menno Wisal, so wie du gerannt bist, ist es dir durch die Pfoten geronnen. Halte deine Pfote den Hund hin, vielleicht kann er noch etwas Nass von deinen Pfoten schlecken.“

„Ich bin doch nicht lebensmüde. Was ist, wenn er zubeißt?“

„Jetzt mach schon, er wird dich schon nicht aufessen. Er hat Durst.“

Ganz vorsichtig näherte sich Wisal den Hund und hielt ihm seine Pfote ausgestreckt entgegen. Er hatte die Augen zugekniffen und zitterte etwas. „Sei ganz brav, nicht beißen, nur nicht beißen.“

Der kleine Hund schleckte an Wisals Pfote.

„Iiiiiiih, das ist ja ekelig.“

Sophia grummelte. „Also wirklich, Wisal. Es geht hier um ein Leben, da wird es wohl nicht so schlimm sein, mal etwas als unangenehm zu empfinden. Du kannst dir deine Pfote dann wieder waschen.“

Von oben erscholl ein Ruf und Imani, der Bussard, erschien. „Oh, was haben wir hier?“

„Du kommst gerade zur richtigen Zeit. Flieg mal rauf zum Förster Jacob und hole ihn. Wir glauben, dass dieser kleine Welpe hier ausgesetzt wurde.“

Imani fragte nicht lange und flog los. Malu schaute den kleinen Hund an, der sich wieder hingelegt hatte. „Wie heißt du?“

„Ich habe keinen Namen.“ Der Hund schaute traurig auf.

„Oh, naja wir werden einen für dich finden. Jetzt ist es erst mal wichtig, dass wir dich von diesem Strick befreien. Wisal, kannst du ihn nicht lösen?“

„Nee, hab ich schon versucht. Der hat sich zu fest gezogen.“

Mirko überlegte. „Mmh, lasst uns mal nachdenken. Bis Jacob kommt, kann es noch dauern. Welches Tier kann einen Strick durchbeißen? Wer kann uns helfen?“

„Was ist mit den Eichhörnchen?“

„Nee Wisal, die bräuchten ewig.“ Malu legte die Stirn in Falten. „Ich hab‘s. Themba, der Wolf. Er hat wirklich scharfe Zähne und er ist noch ein Urahn des Kleinen, er hilft sicher gerne. Nur wo finden wir ihn?“

Sophia flog auf. „Ich weiß, wo er und seine Familie sind. Ich mache mich direkt auf den Weg.“

„Tja, nun müssen wir warten. Sag mal, welchen Namen möchtest du gerne?“

Der Hund sah Malu an. „Ich weiß nicht. Vielleicht einen Namen, der zu mir passt.“

„Klaro muss er zu dir passen, also Anton wäre doof und Helmuth auch.“

Wisal ließ sich hin plumpsen und wischte seine Pfote in der Wiese ab. „Also, ich finde Ben ist gut, denn Ben bedeutet Glück und es ist dein Glück, dass wir dich hier fanden.“

„Wow, Wisal, das ist ein toller Name. Wie Lucky, der Mischlingshund, dessen Namen auch der Glückliche bedeutet. Also dann nennen wir dich Ben.“ Malu lachte den Hund an.

„Ben …. Ben das ist ein guter Name. Ja, so will ich heißen.“

Glücklich schaute Ben seine neuen Freunde an. „Sag mal, Ben, wo hast du denn gewohnt?“

„Ach, gewohnt habe ich eigentlich nirgends. Ich war bei Mama zuhause mit meinen Geschwistern, dann kam ein Mann und nahm mich mit. Er hatte eine kleine Wohnung und da lebte ich. Ab und zu ging er mit mir raus. Doch ich bin noch klein und manchmal konnte ich einfach noch nicht einhalten und dann passierte ein Malheur in der Wohnung. Er schimpfte sehr mit mir. Heute Morgen fuhren wir hierher. Es war ein langer Weg. Ich fand es schön, denn ich war noch nie auf einer Wiese und im Wald. Er sagte, ich solle hier warten, er würde gleich wiederkommen. Dann band er mich hier an. Doch er kam nicht zurück. Ich hörte das Motorengeräusch von seinem Auto und da wusste ich es. Er hatte mich einfach vergessen. Morgens war es hier noch schattig, doch am Nachmittag kam die Sonne und es wurde immer heißer. Es war grauenvoll. Ich hatte entsetzliche Angst. Dann erschien Wisal und er sagte mir, dass er jemanden holen würde. Da war ich wirklich glücklich. Doch ich hatte Angst, dass auch er nicht mehr zurückkommt. Doch er kam wieder. Wisal, das war wirklich nett von dir.“

Wisal lief rot an. „Ja, ja, ist doch Selbstverständlich, dass man jemandem hilft, der in Not ist.“

„Selbstverständlich ist das nicht, leider.“

Malu schaute Richtung Dickicht. „Oh, ich höre was. Ich glaube, Themba ist im Anmarsch.“

Aus dem Unterholz schlich ein großer Wolf heraus und Sophia landete lautlos hinter Mirko.

„Hey, du sollst dich nicht immer so anschleichen. Irgendwann bekomme ich vor Schreck noch einen Herzanfall.“

„So schnell geht das nicht, Mirko, und ich vergesse einfach immer, mich erst bemerkbar zu machen.“ Themba trat näher heran. „Sooo, was haben wir denn da?“, grollte er.

„Themba, schön, dass du unseren Ruf erhört hast“, sagte Malu. „Schau mal, der kleine Ben hängt hier fest. Du musst den Strick durchbeißen.“

Ben zitterte. „Warum bist du so groß?“

Themba lachte. „Ich bin ein Wolf. Auch du kleiner Kerl stammst von meinem Erbgut ab. Auch, wenn du noch klein bist, steckt ein bisschen Wolf in dir. Doch komm, erst einmal befreie ich dich von dem Strick, damit du dir die Beine vertreten kannst, und dann können wir reden.“ Themba öffnete sein großes Gebiss und ließ es über dem Strick zuschnappen und schon war Ben frei. Er kam mühsam auf die Beine, reckte und streckte sich und machte vorsichtig ein paar Schritte, dann sprang er los. Er hechtete einmal über die Wiese. Wisal rannte hinterher. „Heeeeey, nicht abhauen, komm hierhin, Platz, bei Fuß, Sitz …“ Es sah komisch aus, wie Wisal versuchte, Ben einzuholen. Alle lachten lauthals los. „Wisal, nur ein Kommando, nicht gleich so viele auf einmal.“

Ben flitzte zurück und blieb hechelnd neben Themba liegen. „Ich haue nicht ab. Wo soll ich denn hin? Ich habe kein Zuhause.“

„Tja als Hund kannst du hier im Wald nicht leben.“

„Deswegen haben wir auch schon Imani zu Jacob geschickt, damit er ihn herholt", sagte Malu. „Wir warten auf ihn, er weiß sicher, was zu tun ist."

„Schau da kommt er schon." Wisal flitze über die Wiese hinweg, denn er hatte in der Ferne Jacob erspäht. Auf seinem Arm saß Imani. Bei ihm angekommen erzählte er aufgeregt. „Jacob, wir haben Ben gefunden. Naja, er heißt erst jetzt so. Er hatte keinen Namen. Doch jeder braucht doch einen Namen. Er war angebunden und Themba hat mit einem Schnapp den Strick durchgebissen. Doch er hat kein Zuhause. Komm, schnell …"

„Wisal, hol mal Luft, sonst erstickst du noch. Ich bin ja auf dem Weg. Doch so schnell wie du kann ich nicht. Ich bin schon etwas älter." Jacob lachte in sich hinein und amüsierte sich über den Waschbären. Was hatten diese Tiere doch für eine Energie.

Als er bei der Gruppe angelangt war, schaute er auf den kleinen Welpen, der dazwischen lag. „Hallo alle miteinander und du bist also der kleine Ben. Hat man dich hier ausgesetzt ... Komm, ich nehme dir erst einmal den Strick vom Hals weg und dann habe ich auch Leckerchen mitgebracht." Er setzte sich auf die Wiese und Ben robbte vorsichtig zu ihm. Ganz langsam streckte Jacob seine Hand aus und ließ ihn schnuppern.

„Warum machst du das?", fragte Wisal.

„Er kennt mich nicht und weiß nicht, ob von mir Gefahr ausgeht. Deshalb habe ich mich hingesetzt, dass ich nicht so groß erscheine. Denn groß bedeutet auch bedrohlich. Jetzt lass ich ihn an meiner Hand schnuppern, damit er meinen Duft aufnehmen kann, denn daran kann er auch erkennen, ob ich eine Gefahr bin oder nicht. Siehst du, jetzt fasst er Vertrauen."

Themba trat näher und ließ sich neben Jacob nieder. „Gegen dich ist Ben ein Mini. Tja, was machen wir nun mit dem kleinen Kerl?"

Jacob fischte in seiner Jackentasche und holte einen Beutel hervor. Daraus gab er kleine Brocken Ben, der sie hastig fraß. „Langsam, hier hast du auch noch etwas Wasser. Er zog eine Flasche hervor und schüttete sich etwas Wasser in die Hand, woraus Ben sofort heftig schlabberte.

„So, das reicht erst mal. Es ist nicht gut, wenn du jetzt zu viel und zu hastig zu dir nimmst, nachdem du den ganzen Tag hungrig und durstig warst."

Ben seufzte tief auf und rollte sich auf Jacobs Beinen zusammen. Ganz vorsichtig fing Jacob an ihn zu kraulen. Es dauerte nicht lange und er schlief ein.

„Was machen wir jetzt mit ihm?"

„Tja, Malu, das ist nun die Frage. Bei euch kann er nicht bleiben. Natürlich gibt es Tierheime, wo ich ihn hinbringen könnte ..."

Sogleich erscholl von allen Tieren. „Neeiiiiiiinnnnn, bloß nicht in ein Tierheim. Dort sitzt er doch ewig hinter Gittern."

„Also nicht immer. Er hat dort eine gute Chance, ein neues Zuhause zu finden. Er ist ein Welpe und kein alter Hund. Es gibt viele, die gerne einen kleinen Hund wollen. Vor allem bekommt er dort auch Futter und ein Dach über dem Kopf."

„Also, hätte ich gewusst, dass du ihn in ein Tierheim stecken willst, hätte ich dich nicht geholt." Imani grummelte.

Sophia räusperte sich. „Beruhigt euch mal. Hier wird niemand in ein Tierheim gesteckt. Wir werden auch dafür eine Lösung finden. Das erschreckende ist, dass es überhaupt passiert, dass so ein kleiner Hund einfach im Wald angebunden wird. Anstatt dass sie ihn vor einem Tierheim anbinden. Dort wäre er viel früher gefunden worden."

Jacob seufzte tief auf. „Leider geht es nicht nur jungen Hunden so. Es werden so viele verschiedene Tiere ausgesetzt. Erst holen sich die Menschen ein Tier und wenn sie dann merken, dass es Arbeit macht, sind viele überfordert. Es stimmt, besser wäre es, sie direkt dort abzugeben, wo sie die Chance haben, ein neues gutes Zuhause zu finden, leider ist das für viele der Mühe nicht wert. Dann doch lieber irgendwo anbinden und ihnen ihrem Schicksal überlassen."

„Boah, was sind das für Menschen, die so etwas tun?" Mirko sah ganz entsetzt aus.

„Menschen, die keinen Charakter haben. Für die Tiere keine Lebewesen sind. Sie denken nicht darüber nach was passieren kann. Welche Ängste und in welchen Nöten das Tier sich befinden wird, bis es vielleicht gefunden wird. Es geht ihnen nur darum, es loszuwerden."

„Das ist doch voll kriminell."

„Tja, das ist eine Schattenseite der Menschen. Nimm diesen kleinen Ben hier. Er hatte Glück, dass ihr auf ihn aufmerksam wurdet. Er wäre hier verhungert und verdurstet und hätte sich dadurch, dass er angebunden war, sicher auch noch verletzt. Denn er hätte irgendwann versucht, sich zu befreien, und dabei wäre der Strick sein Tod geworden. Ich will es nicht verschönern, es ist grauenvoll, was solchen Tieren passiert. Sprechen wir es doch mal direkt an. Der Strick hätte sich in seinen Hals gewetzt und ihn langsam erstickt. Wenn nicht das, hätten sich die Wunden entzündet und sich Parasiten darin festgesetzt. Egal, was passiert wäre, er hätte keine Chance gehabt zu überleben, denn seine Ängste und seine Panik würden mehr Adrenalin ausschütten und somit hätte er noch mehr Flüssigkeit verloren. Ben wäre elendig zugrunde gegangen."

Malu schüttelte sich erschreckend und auch den anderen liefen die Tränen über das Gesicht. „Das ist so krass. Gut, dass wir den Kleinen gefunden haben. Danke, Wisal, das du aufmerksam deinen Weg gegangen bist und vor allem, dass du gehandelt hast. Viele sehen auch etwas und reagieren gar nicht, weil sie sich nicht damit belasten wollen."

„Wisst ihr, täglich werden Hunde ausgesetzt. Einfach irgendwo zurückgelassen. Manchmal denke ich, das ist noch das bessere Leid, denn viele haben zwar ein Zuhause, doch sie werden gequält. Das ist auch sehr schlimm und hier gibt es noch weniger, die hinschauen und auch handeln – es an den Tierschutz melden oder an die Polizei. Seine Augen zu öffnen für das Leid der Tiere fängt nicht bei seinen eigenen Lieblingen an. Nein, man muss auch die anderen sehen. Ich finde, man kann sein eigenes Tier über alles lieben, doch sollte man auch die Augen offen halten und sehen und vor allem handeln, wenn einem etwas auffällig erscheint."

„Da hast du Recht, Jacob. Neulich war ein richtiger Aufstand, am großen Park, im Dorf. Ich habe beobachtet, wie viele Menschen an einem Auto standen und einer schlug die Scheibe ein. Dann kam auch schon die Polizei. Sie holten einen Hund heraus. Er war einfach im Auto zurückgelassen worden, ohne dass ein Fenster auf war, und der Wagen stand in der prallen Sonne. Als der Besitzer zurückkam, regte er sich auf, dass jemand die Scheibe eingeschlagen hatte. Doch die Polizei sagte, das war richtig. Denn wenn jemandem Lebensgefahr droht, ob Mensch oder Tier, darf man handeln. Man sollte nur vorher Beweisfotos machen, damit man es belegen kann, dass hier wirklich Lebensgefahr bestand. Ich fand das wirklich erschreckend. Solche Menschen denken nicht nach. Wie kann ich den Hund im Auto lassen, bei diesen Temperaturen."

Imani schüttelte seinen Kopf. „Das kommt leider oft vor. Das Auto stand vielleicht im Schatten, doch bis der Besitzer zurückkommt, ist es in der Sonne und selbst im Schatten heizt es sich auf. Glaubt mir, nicht nur Hunde sogar ihre eigenen Kinder setzen sie dieser Gefahr aus. Schon öfters musste die Polizei ein Kleinkind aus einem überhitzten Auto retten."

„Boah, das stimmt doch nicht wirklich. Ihre eigenen Kinder. Was sind das bloß für Wesen. Das ist doch nicht menschlich." Wisal jaulte auf. „Mensch ist eine Bezeichnung, die viele nicht verdienen. Doch es gibt auch die guten Menschen, die mit offenen Augen durch die Welt spazieren. **Reagieren anstatt ignorieren und auf die kleinen Dinge achten, um ihnen im Notfall Hilfe zu gewähren**. Wir kennen viele solcher Menschen und wenn der eine oder andere sich ein Beispiel an diesen nimmt und auch etwas aufmerksamer wird, dann ist es gut. Manchmal bedarf es einfach eines kleinen Gedankenstoß um wieder Achtsamer durch sein Leben zu gehen."

Themba leckte über den kleinen Ben. „Er hier hatte Glück und er wird sicher ein schönes Zuhause finden. So wie ich das sehe, hat er Jacob schon adoptiert. Also, wie ist es,

Jacob? Du bist Förster, brauchst du nicht einen treuen Begleiter? Dein alter Sam ist doch schon in die Jahre gekommen und würde lieber zuhause liegen bleiben, wenn du unterwegs bist."

Alle sahen sie hoffnungsvoll Jacob an.

„Naja, so ein kleiner Hund macht natürlich auch viel Arbeit. Doch irgendwie ist es eine Überlegung wert. Sam ist schon alt und so ein junger Hund kann ihm etwas Gesellschaft leisten auf seine alten Tage. Mein Garten ist groß und wenn er sich gut abrichten lässt, kann ich ihn auch zur Arbeit mit in den Wald nehmen."

„Bitttteeee!", kam es von allen.

„Ok, ihr habt mich überredet. Der kleine Ben kommt mit mir nach Hause. Ich denke, er wird ein sehr dankbarcs Tier sein."

Auf seinen Beinen regte sich Ben und schaute verschlafen in die Runde. „Hab ich was verpasst?"

Malu flatterte zu ihm. „Ben, du hast nun ein neues Zuhause. Jacob wird dich adoptieren. Wenn du dich gut beträgst, darfst du auch mit zu seiner Arbeit in den Wald und uns oft besuchen. Er ist einer dieser außergewöhnlich lieben Menschen, also bist du gut untergebracht."

Ben sprang auf und schleckte Jacob vor Freude über das Gesicht.

Jacob erhob sich und klemmte sich das zappelnde Bündel unter den Arm. „So nun muss ich den Heimweg antreten, es ist schon mitten in der Nacht. Es gibt immerhin noch viel zu tun. Ich muss Ben meinen alten Hund Sam vorstellen und ihm einen Platz zum Schlafen zuweisen. Geht ihr alle weiterhin achtsam durch die Natur. Man weiß nie, wer eure Hilfe braucht."

Alle winkten Jacob hinterher und Sophia begleitete ihn noch zu seinem Haus. Einfach, um ihn ein Gefühl des Schutzes in der dunklen Nacht zu geben.

Malu seufzte tief durch. „So, wieder haben wir eine gute Tat vollbracht. Doch was wir gehört haben, war auch sehr erschreckend und sollte uns zum Nachdenken bringen, noch achtsamer durchs Leben zu spazieren." Er flatterte auf und Mirko krabbelte diesmal bei Imani ins Gefieder. „Allen noch eine schöne Nacht und denkt daran – immer aufmerksam durch die Welt gehen", waren Mirkos letzte Worte, bevor Imani sich erhob und mit ihm zur Höhle flog.

Die Brücke der Pubertät

Malu erwachte in seiner Höhle und flatterte geschwind nach draußen. Die Sonne war schon fast am Horizont verschwunden und der Mond erschien hell am Himmel. Es kam einem vor, als würden sich Sonne und Mond einen Gruß zuwerfen. Er rief Mirko ein Hallo zu, der an einem Felsspalt sein Netz webte, und tauchte in den Wald ein. An der großen Eiche Valeska machte er halt und hängte sich an einen Ast. „Ach Valeska, heute ist wieder eine wunderschöne Nacht. Gerade hat die Sonne dem Mond die Regie übergeben über diese atemberaubende Natur, die uns umgibt. Was gibt es Schöneres als das Gefühl des Glücks."

Gedankenvoll baumelte er mit angelegten Flügeln und bewunderte sein Umfeld. Ein Flimmern erschien und ein mächtiger Adler fand seinen Weg im Mondlicht. Er landete auf einem der dickeren Äste und schaute Malu an. „Guten Abend, Malu, was lächelst du hier so alleine vor dich hin?"

„Oh, guten Abend, Abaya, ich bin einfach glücklich über diese faszinierende Natur um mich herum."

„Das Gefühl kenne ich, es berauscht einen regelrecht."

Plötzlich hörten sie einen Tumult im Wald und lauschten. „Was ist da wieder los?", fragte Malu. „Das Geschrei passt gar nicht hierher."

Dann erklang ein lauter Ruf: „Gaaabbbbiiiiii, jetzt halt endlich an. Komm, lass uns darüber reden."

Durch das Unterholz brach ein Junge hervor und blieb atemlos unter der Eiche stehen. Er lehnte sich an den dicken Stamm und rutschte daran herunter. Dort hockte er nun, mit den Armen sein Gesicht verdeckend, und schluchzte. Es dauerte nicht lange und ein Mann trag hinzu. Ganz atemlos ließ er sich neben dem Jungen nieder. „Gabriel, du kannst nicht immer wegrennen, nur weil etwas nicht nach deinen Kopf geht."

„Hmpf, egal."

„Gabriel, so sei doch mal vernünftig und lass mit dir reden."

Malu und Abaya schauten von oben interessiert zu.

„Ist eh alles Mist. Warum soll ich dann darüber reden?"

„Wegrennen bringt jedoch auch nichts oder findest du so die Lösung?"

„Ach, lass mich in Ruhe."

Der Mann schnaubte und seufzte tief auf. „Was soll ich nur mit dir machen? So kann es nicht weitergehen. Du verletzt deine Mama damit und ich mache mir auch Sorgen um dich."

Die beiden Menschen saßen eine Weile schweigend nebeneinander.

„Was denkst du, Abaya? Sollen wir uns mal einklinken. Vielleicht können wir helfen."

„Wir können es ja mal versuchen. Geh du vor. Wenn ich mit meinen großen Schwingen zuerst erscheine in der Nacht, dann erschrecke ich sie vielleicht."

Malu faltete seine Flügel auf und flatterte zu den untersten Ästen. Dort hängte er sich genau vor die Nase des Jungen. „Guten Abend, ich bin Malu, kann ich euch irgendwie helfen?"

Erschreckt, dass plötzlich eine Stimme aus dem Dunklen erklang, schauten beide auf. „Huch, wer hat da geredet?"

„Hey, schau mal, hier hänge ich. Ich bin eine Fledermaus. Genau vor deiner Nase."

Der Junge schaute im Licht der Dunkelheit angestrengt herum.

„Na siehste, hier ist deine Brille, selbst die hast du in deiner Flucht verloren. Setz sie auf, dann wirst du auch die Fledermaus sehen, die mit dir spricht.“ Der Mann reichte dem Jungen die Brille und grummelte in sich hinein. Plötzlich sprang er auf. „Waaaasssss, eine sprechende Fledermaus. Ich glaub, ich träume.“

Der Junge starrte durch seine Brille Malu an. „Wow, wie krass ist das denn. Voll cool. Komm, die fangen wir ein. Das wird ein Spaß, wenn ich sie meinen Freunden zeige. Ein Fledermauspapagei.“

„Heeeey, ich bin kein Papagei und mich fängt auch keiner ein, vor allem nicht du.“

Der Mann starrte immer noch mit offenem Mund auf Malu.

„Mach den Mund zu sonst fliegt noch ein Falter hinein. Ja, ich kann sprechen, na und? Ihr doch auch. Was habt ihr beiden für ein Problem, dass ihr hier durch die wunderschöne Nacht rennt und vor allem, wer seid ihr?“

Hilflos die Arme in den Himmel hebend, ließ sich der Mann wieder auf dem Boden nieder. „Das hier neben mir ist mein Sohn Gabriel und ich bin Walter.“

„Ahja, der Heerführer, so verstehe ich nun schon, wo euer Problem liegt.“

Gabriel schaute Malu verstört an. „Wie, der Heerführer? Was meinst du damit?“

„Na, Walter bedeutet der Heerführer und das scheint er ja auch zu sein. Er ist dein Vater und für dich verantwortlich.“

„So ein Quatsch, nur weil er mein Vater ist, heißt es noch lange nicht, dass ich alles machen muss, was er sagt.“

„Sag mal, wie alt bist du?“

„Ich bin schon 13 Jahre, also kein Baby mehr. Auch wenn der Alte es hier denkt.“

Es rauschte gewaltig in der Luft und Abaya landete mit viel Wind vor den beiden, zeigte mit einem seiner großen Schwingen auf Gabriel und grollte: „Soso, du bist kein Baby mehr. Doch benimmst du dich wie eines. Hast keinen Respekt vor deinem Vater, das höre ich an deiner Aussprache. Trotzt hier rum. Ein Mann willst du sein? Dann benimm dich wie einer und gehe das Problem an und schweige es nicht aus.“

Entsetzt sah Gabriel Abaya an.

„Na? Bekommst du nun Angst, du Möchtegernmann? Ich bin Abaya, ein Geisteradler, und glaube mir, ich könnte dich mit meinen Krallen eines Besseren belehren. Doch Gewalt ist keine Lösung für dein Problem. Ich sage nur ein Wort – Pubertät.“

Walter stöhnte laut auf. „Oh mein Gott, daran habe ich ja gar nicht gedacht. Immerhin ist mein Junge schon 13 Jahre alt.“

„Ich habe schon von der Pubertät gehört, da ist das Gehirn der Menschenkinder verwirrt“, lachte Malu.

„Malu, nicht verwirrt. In dieser Zeit treten sie vom Kindesalter in das Erwachsenalter ein. Sie verändern sich, körperlich wie gedanklich. Selbst bei uns Tieren gibt es so etwas, wir nennen es flügge werden. Es ist ein Phänomen und nicht jeder erlebt es gleich.“ Abaya schmunzelte. „Man kann auch sagen, nun schaltet sich das Gehirn ein. Es wird über alles und jeden nachgedacht und alles in Frage gestellt. Dazu kommen noch die körperlichen Veränderungen. Bei uns Vögeln bildet sich das Federkleid und bei den Menschen die Körperbehaarung und auch der Sexualtrieb wird angeschaltet. Das ist verbunden mit tiefgründigen Emotionen. Dies alles kann schon mal zu verstörenden Momenten führen.“

Walter legte seinen Arm um Gabriel und drehte sein Kinn zu ihm, damit er ihn ansah. „Mein Sohn, du hast nun die Brücke erreicht, wo du vom Kind zum Manne wirst. Doch ist es ein beschwerlicher Weg, sie zu überqueren. Du musst verstehen, worum es geht, damit du sicher auf der anderen Seite ankommst.“

Gabriel schaute seinen Vater mit großen Augen an. „Naja, so ein Blödsinn, ich renne einfach los. Umso schneller bin ich drüben und dann könnt ihr mir nichts mehr sagen.“

„Gabriel wenn es so einfach wäre, dann wäre das Leben langweilig. Denn das Leben prägt sich aus Erfahrungen und Erkenntnissen. Diese fangen im Kinderalter an und in der Pubertät zeigt sich, wer du wirklich bist.“

Abaya schaute zu Walter. „Du hast eine große Aufgabe vor dir, denn deine Aufgabe ist es, deinen Jungen sicher auf die andere Seite der Brücke zu bringen. Bisher hast du ihn nur beschützen müssen. Du hast seine ersten Schritte beobachtet und seine ersten Versuche zu sprechen. Du hast ihm Unterstützung beim Lernen gegeben und ihn vor allem Unheil bewahrt. Doch nun geht es um sein inneres Wesen. Er muss seine eigenen Erfahrungen machen, seinen eigenen Weg finden. Dazu gehört vor allem zuzuhören, auch wenn er nichts laut sagt. Zu spüren, auch wenn er dich nicht berührt, und zu sehen, auch wenn er sich nicht zeigt.“

Gabriel grummelte. „Hören, wenn ich nichts sage, spüren, wenn ich nicht berühre, sehen, wenn ich nicht da bin. Was ist das für ein Gequatsche, das du da machst? Ich möchte doch nur in Ruhe gelassen werden.“

„Malu, wie können wir es denn Gabriel vermitteln, dass nicht alles nur damit getan ist, dass man in Ruhe gelassen wird?“

„Gabriel, du musst dein inneres Ich kennenlernen. Was möchtest du? Was macht dir Sorgen? Es ist kein leichter Weg, der vor dir liegt. Diese Brücke kannst du nicht alleine Bewältigen. Sei froh darüber, dass deine Eltern dich beim Überqueren begleiten.“ Malu überlegte. „Walter, eine sehr schwierige Zeit kommt nun auf euch zu. Rede nicht alles kaputt, was er sagt. Auch du musst lernen, loszulassen. Heb ihn auf, wenn er am Boden liegt, doch fang ihn nicht schon im Fluge. Er muss seine eigenen Erfahrungen machen. Danach mit ihm darüber zu reden, abzuwägen, wo etwas richtig oder falsch war und vor allem auch ein Lob aussprechen, nicht nur Kritik. Reiche ihm deine Hand, doch lass Gabriel selbst entscheiden, wann er sie ergreift. Er reflektiert nun alles, was er erlebt, und oftmals sind seine Gedankengänge etwas verwirrt. Doch er muss selbst entscheiden, ob er sich Hilfe holt oder es selbst versucht.“

Malu atmete tief durch. „Gabriel, Hilfe anzunehmen, sich einen Rat holen, ist kein Zeichen der Schwäche. Denn den Mut zu fassen, sich zu überwinden, sich einzugestehen, dass man alleine nicht weiterkommt, das bedarf einer enormen Stärke. Du hast das Glück, dass du einen Papa hast, der neben dir steht und für dich da ist, wenn du ihn brauchst. Das Glück haben nicht alle. Nutze die Chance, die sich dir bietet. Denn du bist nicht allein.“

Gabriel schaute Malu und Abaya an, dann blickte er zu seinem Vater. Eine einzelne Träne lief aus seinen Augen die Wange entlang. Unwirsch wischte er sie weg. „Ich weine nicht, ich bin nicht schwach."

Abaya schüttelte den Kopf. „Gabriel, Tränen sind keine Schwäche. Sie befreien uns vom inneren Druck und erleichtern unsere Seele. Lass sie laufen, wenn dir danach ist. Zeige Stärke darin, dass du deine Emotionen annimmst und nicht verbirgst."

Gabriel schniefte auf und Walter zog ihn in seine Arme. „Mein Sohn, wir werden es zusammen schaffen. Wir beide und Mama."

Gabriel weinte in den Armen seines Vaters und schluchzte. „Es tut mir leid, dass ich weggerannt bin."

„Nein, mein Sohn, dir braucht nichts Leid zu tun. Denn ich war derjenige, der nicht begriffen hat, was los ist."

Malu seufzte tief auf. „Was meinst du, Abaya, wollen wir diese beiden nun alleine lassen und noch etwas diese schöne Nacht genießen?"

„Ja, Malu lass uns in die Magie der Nacht eintauchen. Bis zum nächsten Mal, mein Freund." Abaya streckte seine großen Schwingen und stieg senkrecht in den Himmel. Die beiden Menschen schauten gebannt auf, als er flimmernd verschwand.

„Sag mal, Papa, bin ich eingeschlafen oder haben wir wirklich gerade mit einem Adler gesprochen?"

„Tja, mein Sohn, manchmal Bedarf es etwas Magie, um uns im Leben wieder auf den richtigen Weg zu bringen. Komm, lass uns nach Hause gehen." Er stand auf und zog seinen Sohn mit hoch.

„Halt warte, da war doch noch dieser Flederpapagei, wo ist der hin?“

„Gabriel, das war Malu, die kleine Fledermaus mit dem großen Herzen. Ich habe schon viele Geschichten über ihn gehört. **Merke dir, wenn du einmal nicht mehr weiter weißt, dann geh in den Wald und spüre die Magie der Natur. Wenn du Glück hast, zeigt sich Malu und gibt dir Kraft, das weitere Leben zu meistern.“**

Hand in Hand wanderten die beiden zurück zum Dorf. Malu hing noch lange an Valeska, der Eiche, mit einem Lächeln im Gesicht und erfreute sich an der atemberaubenden Nacht. Das Leben war einfach schön.

Ein Gigant fällt

Stille herrschte im Wald. Kaum hörte man das Rauschen der Blätter. Es war die Ruhe nach dem Sturm. Am späten Nachmittag war ein Sturm über das Land gefegt, hatte Bäume entwurzelt und Äste abgeknickt. Der Waldboden sah wüst aus. Hier und da sah man einen Waldbewohner vorbeihuschen. Dann ein lautes Knacken und ein großer Baum fiel, nahm Teile des neben ihm stehenden mit und schlug mit einem lauten Krach zu Boden. Die Erde erzitterte, dass es Malu bis in seine Höhle hörte.

„Mirko, ist etwa ein Erdbeben bei uns?"

Mirko seilte sich vor Malu herab. „Nein, ein Orkan ist über das Land gefegt und dieses Krachen war die Aufgabe eines unserer Baumriesen, die der Orkan gelockert hat. Gegen solche Naturkräfte ist der stärkste Baum machtlos."

„Oh, das ist schlimm. Ich werde nachsehen, wie die Lage ist."

Malu flatterte in die Stille hinein. Er spürte noch immer dieses kraftvolle Erzittern der Natur. Sein ganzer Körper bebte. Er brauchte nicht lange, um zu finden wo der Baum zu Fall gebracht wurde. Er hörte schon von weitem die Tiere, die sich alle dahin aufmachten. Es war ein riesiger Gigant, der zu Boden gegangen war. Von oben sah er Wisal auf dem Baumstamm liegen und flog zu ihm. „Wisal, warum liegst du auf dem Baum?"

Wisal sah mit Tränen in den Augen zu Malu und schniefte. „Schau, nun ist er tot. Einfach so, nur wegen dem doofen Orkan. Ich möchte ihn noch einmal umarmen. Er war ein so großer, starker Baum."

„Na na, sei mal nicht so traurig, das ist der Lauf des Lebens. Außerdem ist der Baum nicht tot. Erst wenn er sich ganz zersetzt hat, dann vergeht seine Seele in den Himmel. Jetzt hat er, als gefallener Baum, eine sehr große Aufgabe zu bewältigen. Er wird weiterhin Sauerstoff produzieren und Lebensraum für viele Käfer und Nahrung für viele Tiere sein. Solange der Mensch nicht eingreift und ihn hier wegbringt." Malu legte Wisal tröstend den Flügel an die Nase. „Komm mit zu Orenda, der Schamanin, dann zeigt sie dir, wie viel Leben in einem gefallenen Baum steckt."

„Ok, flatter schon vor, ich bin gleich da. Ich möchte noch eine Minute Abschied nehmen."

Malu sah in der Luft Sophia und flog zu ihr. „Ich bin auf dem Weg zu Orenda. Wisal ist traurig, dass der Baum gefallen ist. Vielleicht kann sie ihm etwas Zuversicht geben."

Am oberen See angekommen, sahen sie die Kräuterfrau an ihrem Lagerfeuer sitzen. „Hallo, hat euch der Sturm hierher gebracht? Ich habe gesehen, was er im Tal angerichtet hat. Doch es ist Leben in seiner reinsten Form."

„Ach, Orenda, Wisal ist so traurig, dass der Gigant fiel. Kannst du ihm helfen, über seine Trauer hinweg zu kommen?"

Wisal schlich aus dem Dickicht hervor, mit hängenden Ohren und seinen Teddy krampfhaft an sich gedrückt. Er kuschelte sich sofort auf Orendas Beine.

„Ach, mein Kleiner, du musst nicht traurig sein. Die Natur hat Magie und diese Magie schützt die Seele des Baumes. Ich möchte dir eine Geschichte erzählen. Die Geschichte von der kleinen Hirschkäferdame Hiwa."

Mittlerweile waren noch andere Tiere des Waldes angekommen und suchten sich einen Platz um Orenda. „Macht es euch bequem und lauscht meiner Erzählung."

Lautlos landeten Vögel auf den Ästen. Sie alle wollten die Geschichte von Orenda hören. „Es war ein wunderschöner Tag, als Hiwa schlüpfte. Sie war eine Hirschkäferdame. Sie krabbelte aus dem Eichenstamm und sah sich um. Sie verstand die Umgebung nicht, in der sie sich befand. Dann öffnete sie ihre Flügel und flog ihren Sinnen entgegen in den Wald. Ihr müsst wissen, dass Hirschkäfer zwischen zwei und acht Jahre brauchen, um sich zu entwickeln, vom Ei bis zum fertigen Käfer." Sie machte eine kurze Pause. „Irgendwann traf Hiwa auf einen alten Mann, der gerade eine Pause von seiner Wanderung einlegtc. Er war am überlegen, was er noch in seinen Leben für eine gute Tat machen könnte. Er war jetzt 80 Jahre alt, hatte viel erlebt, doch irgendetwas wollte er noch tun. Geld hatte er, doch er brauchte es nicht. Denn er war viel in der Natur, hier fand er seinen Frieden. Hiwa landete neben ihm und sah ihn an. *Hallo, sag mir, warum ist der Wald hier so aufgeräumt? Wo sind die gefallenen Bäume?*

Der Mann sah auf die Hirschkäferdame hinab und staunte. *Du bist ein Wunder. Eine Seltenheit, die ich seit Jahren nicht gesehen habe. Beschreibe mir, wo du geschlüpft bist*

Hiwa überlegte. *Es war ein komischer Ort. Mein restlicher Stamm lag unter vielen komischen Hölzern eingeklemmt. Ich musste lange krabbeln, bis ich den Ausgang fand. Es waren ganz flache Bäume. Sie lagen aufeinander.*

Der Mann grummelte. *Dann kommst du aus dem alten Sägewerk. Du bist wirklich ein Glückskind. Denn das Stück Baum, in dem du lagst, wurde wohl vergessen.*

Sag mir, wo die anderen sind. Meine Lebensspanne ist kurz bemessen, doch ich muss für die nächste Generation sorgen. Das ist meine Lebensaufgabe.

Schau dich selbst um, die Menschen nehmen das Totholz aus dem Wald und somit vernichten sie unbewusst eure Art. Hirschkäferarten wie du brauchen jedoch durch Pilzbefall zermürbtes Totholz, insbesondere von Eichen, um sich zu entwickeln. Da der Mensch jedoch dem gefallenen Baum gar keine Chance gibt, seinen letzten Sinn auf Erden zu erfüllen, als Totholz Leben zu spenden, gibt es euch nur noch sehr selten. Leider weiß ich nicht, wo ein Partner für dich zu finden ist. Hier nicht, denn hier räumen sie den Wald. Es darf nichts liegen bleiben. Doch schau mal hinterm kleinen Dorf westlich. Ich habe gehört, dort ist der Wald ziemlich wild.

Hiwa schaute ganz entsetzt. *Nein, das akzeptiere ich nicht. Ich werde so lange suchen, bis ich einen finde. Es ist mein Leben, das lass ich mir nicht von einem Menschen nehmen.*

Der alte Mann schaute traurig Hiwa hinterher, als sie weiterflog. Dieser kleine Käfer war so hoffnungsvoll und entschlossen. Dann ging er nach Hause. Am nächsten Tag saß er auf seiner Veranda und schaute in seinen Garten hinab. Das Grundstück erstreckte sich weitläufig dahin. Alte Obstbäume standen darin und eine riesige Wiese lag dazwischen. Er erfreute sich an den Bienchen die über die Wiese flogen und an den Vögeln, in den Bäumen, die ihr Lied sangen. Dann fiel ihm Hiwa ein. Plötzlich lächelte er und machte sich auf den Weg. Am nächsten Morgen fuhr ein großer Lastwagen vor und lud viele alte Baustämme und Wurzelstöcke ab. Er war recht erfreut darüber und ließ sie in den hinteren Ecken seines Gartens abladen. Ein Arbeiter fragte ihn: *Sag mir, was willst du mit diesem vergammelten alten Holz?*

Der alte Mann lächelte nur und sagte. *Leben erhalten.*

Der Arbeiter schüttelte den Kopf und ging, denn er verstand es nicht. Von da an nahm die Natur ihren Lauf. Jeden Tag schaute der alte Mann sein Holz an und erfreute sich daran.“ Orenda machte eine Pause.

„Sag mal, Orenda. Was wollte der alte Mann mit dem kaputten Holz?“, fragte Wisal.

„Warte es ab, ich erzähle weiter. Es vergingen einige Jahre und Stürme, Schnee und Hitze setzten den Stämmen zu. Mittlerweile war der Mann schon 85 Jahre alt und immer noch erfreute er sich an seinem Holz, das mittlerweile mit Moos überwachen war und in dem viele Tiere hausten. Brennnesseln und Hahnenfußgewächse siedelten sich an und wuchsen dazwischen hervor und teilweise war es zerfallen. Jedes zweite Jahr ließ er neues altes Holz anliefern und legte es hinzu. Er stellte sich eine Bank auf. Ein Platz für sich. Viele waren entsetzt und sie sagten immer wieder, er möge das vergammelte Holz doch entfernen, es würde nur seinen Garten verschandeln. Doch er achtete nicht darauf. Eines Tages ging er wie gewohnt zu seiner Bank und blickte auf diese wilden, zerfallenden Gebilde. Er stutzte kurz und sah nochmal genau hin. Da sah er sie.“ Orenda schaute in die Runde.

„Was sah er, Orenda, komm ‚sag es uns.“ Die Fuchskinder hörten ganz aufgeregt zu.

„Na, was sah er wohl? Aus den sich zersetzenden Stämmen krabbelten Hirschkäfer hervor und nicht nur diese. Auch Sägeböcke und Balkenschröter kamen an. Der Mann lachte laut los, schaute nach oben und sprach: *Hiwa, deine Seele ist schon lange im Himmel. Doch hier habe ich für dich deine nächste Generation gerettet. Ich habe ihnen einen Überlebensraum geboten. Schau sie dir an, wie es wimmelt. Es ist ein kleines Wunder. Du hast mir gezeigt, dass man die Hoffnung nicht aufgeben darf und es bedarf nur etwas Geduld und ein bisschen altes Holz.* Er lächelte und sein Herz war erfüllt mit Frieden, denn er hatte noch etwas Gutes erreicht in seinem Leben. Auch wenn es etwas war, was viele Menschen nicht verstanden. Er war glücklich."

Alle schwiegen und ließen das Ende der Geschichte auf sich wirken. Malu flatterte zu Wisal und sah ihn erwartungsvoll an. „Hast du es verstanden, was Orenda uns mit ihrer Geschichte sagen wollte?"

Wisal überlegte. „Ja, klar, Malu. Auch ein gefallener Baum bringt Leben. Unser Gigant wird Lebensraum für viele Käfer werden. Nur wie schaffen wir es, dass der Mensch ihn nicht wegholt?"

Sophia schmunzelte. „Das werden wir sehen, falls der Fall eintritt. Dann werden wir darum kämpfen, dass er liegen bleibt. Jetzt ist erst mal nur das Wissen wichtig, dass er immer noch eine Aufgabe hat und lebt. Ein stehender Baum ist etwas sehr Schönes. Doch auch ein gefallener birgt auch noch eine innere Magie. Es ist nur eine Sache der Ansicht und des Verstehens."

Orenda sah alle an. „Bedenkt jedoch, es gehört viel mehr dazu, dass die Käfer sich ansiedeln. Wichtig ist auch, das, das Holz Sonne bekommt, dass sich Pflanzen und Blumen darauf ansiedeln. Viele Käfer fressen sich als Larven durchs Totholz. Nach der Entwicklung zum Käfer stehen oft Blütenpollen und Nektar zuoberst auf der Speisekarte. Die Hirschkäferarten stehen auf der roten Liste der Menschen und solange der einzelne Mensch nicht begreift, dass auch Käfer für das ökologische Gleichgewicht wichtig sind, haben sie wenige Chancen zu überleben."

Sophia seufzte. „Es wird viel getan im Naturschutz. Man versucht den Lebensraum der Sammler, Bienen und Schmetterlinge wieder besser anzupassen. Doch irgendwie werden die Käfer vergessen. Ein Käfer ist wie eine Spinne, kein angesehener Geselle bei den Menschen. Doch es gibt immer mehr, die sich auch für den Käfer einsetzen. Ich denke, es fehlt nur an Information, denn viele wissen nicht, wie wichtig dieses Totholz für unsere Natur und deren Bewohner ist."

Wisal schnappte seinen Teddy und sprang auf. „Also, ich flitze jetzt mal zu Codys Baumhaus. Mal sehen ob er heute da ist. Dann erzähle ich ihm deine Geschichte und er kann sie in seiner Schule erzählen. Er sagte mir neulich, dass er so ein Refugium schreiben muss und nicht weiß, worüber."

Malu lachte. „Wisal, du meinst sicher ein Referat. Das ist eine tolle Sache, so kann er damit das Wissen weitergeben, so ist dann schon einmal ein Anfang gemacht. Grüße ihn schön von uns, denn für mich wird es jetzt Zeit, schlafen zu gehen. Schau, die Sonne zeigt schon die ersten Strahlen am Horizont."

Malu flatterte auf und auch die anderen Tiere zogen sich in den Wald zurück.

Sophia flog neben Malu und lächelte ihn an. **„Wissen rettet Leben. Jedes Wesen der Natur hat ein Recht auf Leben, auch wenn es nur ein kleiner Käfer ist. Denn**

alles in der Natur hat eine Aufgabe, um zum Leben auf unsere Erde beizutragen. Selbst ein gefallener Baum.“

„Genieße die kleinen Dinge.
Sie machen das Leben großartig."

Blickwinkel

Glutrot senkte sich die Sonne am Horizont herab. In der Thermik der Lüfte sah man einen Falken seine Kreise ziehen. Plötzlich ließ er sich fallen. Senkrecht flitzte er zu Boden und bremste kurz vor dem Ende wieder ab, um langsam auf einem Felsen zu landen.

„Wow, was für ein Auftritt, Lisa. Ich dachte schon ich muss dich zerschmettert vom Boden kratzen.“

Lisa lachte Mirko an, der sich neben ihr abseilte. „Nein, du weißt doch, dass wir Falken dafür ein Gespür haben. Ich kann das sogar mit geschlossenen Augen. Sag mal, wann erwacht Malu?“

Etwas Schwarzes flog schnell an ihnen vorbei. „Da bin ich schon. Was gibt es, dass du uns besuchst?“

„Oh, schön, dass du schon wach bist. Sag mal, hast du Lust mit mir ins Dorf zu fliegen? Dort sind neue Menschen eingezogen und sie haben ein kleines Mädchen. Ich habe es heute beobachtet und ich habe so das Gefühl, dass es dringend unsere Hilfe braucht. Es erschien mir sehr traurig.“

„Ja, gerne, lass uns sofort losfliegen. Wir schauen mal nach, was es bedrückt. Vielleicht können wir helfen.“

Malu machte sich mit Lisa auf den Weg zum Dorf. Das kleine Haus am Rande stand lange leer, doch nun waren die Fenster beleuchtet und auch am Balkon hingen Blumenkästen.

„Schau mal, Lisa, wie schön sie es gemacht haben. Es erstrahlt regelrecht im neuen Glanz. Irgendwie stimmt es mich nachdenklich, wenn ich dies so sehe. Vor Jahren bin ich eines Nachts schon einmal zu so einem Balkon geflattert und habe Selena kennengelernt.“

„Oh Selena, wer ist das? Ich kenne sie gar nicht.“

„Selena ist zu den Sternen gegangen. Doch ich erinnere mich voller Freude an sie. Denn sie war etwas Besonderes. Doch komm, lass uns nach dem Mädchen sehen.“

Sie landeten auf der Balkonbrüstung und sahen ein kleines Mädchen in einem Schaukelstuhl sitzen. Doch es schaute nicht auf. „Pssst, huhu, kannst du uns sehen? Ich bin Malu und das ist Lisa.“

Malu beobachtete das Mädchen genau. Langsam sah es auf. Ihre Augen waren von einer dunklen Brille verdeckt, sodass er nicht erkennen konnte, ob sie ihn ansah.

„Oh, Besuch, ich habe euch gar nicht kommen gehört und Mama hat auch nicht Bescheid gesagt. Wohnt ihr auch im Dorf?“

Malu stutzte. „Nein, wir wohnen im Wald. Komische Frage.“

„Im Wald? Stehen da auch noch Häuser?“

Lisa stupste Malu an und wedelte mit ihren Schwingen vor dem Gesicht des Mädchens herum. „Oh, es kommt Wind auf. Ich liebe dieses Gefühl auf der Haut.“

Ganz entsetzt riss Malu seine Augen auf. „Sag mal, wie heißt du?“

„Ich heiße Klara, doch was fragt ihr? Das müsst ihr doch wissen, wenn ihr mich besuchen kommt.“

„Klara, ich weiß gar nicht, wie ich es dir erklären soll. Naja, ich bin eine Fledermaus und Lisa ein Falke. Wir sind keine Menschen. Deshalb wohnen wir im Wald.“

„Klaro, und ich bin ein Außerirdischer. Veräppeln kann ich mich selbst, dafür braucht ihr mich nicht zu besuchen.“

„Ok, sind wir mal direkt. So, wie ich es sehe ,bist du blind. Kannst uns also nicht sehen. Doch ich flattere jetzt ganz vorsichtig auf deinen Schoß und du darfst mich berühren. Doch bitte ganz vorsichtig, denn ich bin nur eine kleine Fledermaus.“ Malu hüpfte auf ihre Beine. Kurz zuckte Klara zusammen, dann hoben sich ihre Hände und ganz vorsichtig ertastete sie Malu. „Wow, wie cool. Das ist so abgefahren. Du bist wirklich eine Fledermaus.“

„Sag ich doch die ganze Zeit. Ich bin Malu und wir kommen dich deshalb besuchen, weil Lisa, sie ist ein Falke, dich beobachtet hat und sah, dass du traurig bist.“

„Traurig, naja, traurig direkt nicht, jedoch etwas einsam. Ich kenne noch niemanden hier. Wie ihr schon selbst festgestellt habt, kann ich nichts sehen. Ich bin blind.“

„Bist du schon immer blind oder konntest du schon mal sehen?“

„Nein, Malu, solange ich mich zurückerinnern kann, sehe ich nichts. Meine Eltern sagen mir zwar, dass ich als Baby etwas gesehen habe, doch daran erinnere ich mich nicht mehr.“

„Das ist echt doof. Also, ich könnte mir nicht vorstellen, nichts zu sehen. Es gibt so viel zu sehen auf der Welt.“

Klara seufzte tief auf. „Ach, was man nicht kennt, wie soll man es vermissen. Ich lebe schon zwölf Jahre damit und man arrangiert sich. Doch manchmal, wie gerade jetzt, würde ich schon gerne sehen können.“

Malu überlegte. „Mmh, sag mal, hast du schon Cody kennengelernt? Er hat ein Baumhaus an der großen Wiese und dort treffen sich immer alle Dorfkinder mit Moja.“

„Moja kenne ich. Sie hat sich sofort vorgestellt, als wir ankamen. Sie ist für das Jugendzentrum zuständig, sagte sie mir. Sie war sehr nett.“

„Na also, dann werden wir mal was organisieren. Warte hier auf uns. Es ist noch früher Abend, mal sehen, wo sie steckt.“

Malu und Lisa flogen geschwind zum Baumhaus. Wie vermutet, waren dort die Kinder des Dorfes versammelt und auch Moja war dabei. Natürlich tummelten sich auch wieder einige Tiere herum.

„Moja ich habe da eine Bitte an dich. Kannst du Klara holen? Du weißt schon, das blinde Mädchen, das neu hierher gezogen ist.“

Moja sah Malu an. „Dass ich da nicht selbst darauf gekommen bin. Klar hole ich sie her. Sie sitzt da ganz alleine zuhause und wir haben hier unseren Spaß. Bin gleich wieder da.“ Moja machte sich auf den Weg. Sie musste natürlich auch die Eltern überzeugen, dass sie Klara mitnehmen durfte.

Malu sah sich derweil um. „War ja klar, dass du auch hier bist.“

Wisal grummelte. „Ich bin immer da, wo es schön ist, und heute finde ich es hier schön.“

„Das ist eine gute Einstellung.“

„Malu, wer ist Klara?“, fragte Cody „Ich kenne sie nicht von der Schule oder geht sie noch in den Kindergarten?“

„Nein, Cody, Klara ist blind. Sie wird wohl auf eine spezielle Schule gehen.“

„Oh, das ist doof, dann kann sie uns gar nicht kennenlernen.“

„Doch, das kann sie, deshalb habe ich Moja geschickt, sie zu holen. Wenn wir doch wissen, dass es sie gibt, so können wir sie doch auch kennenlernen.“

„Naja, sie ist blind, wie soll sie mit uns spielen?“ fragte die kleine Nadja.

„Ach, am Spielen soll es nicht scheitern. Klar kann sie nicht alles mitmachen. Doch es gibt sicher etwas, woran auch sie teilnehmen kann. Wichtig ist erst mal, das sie Anschluss findet.“ Malu sah in die Ecke, dort saß ein Mädchen auf einen Sessel. „Jala, was sagst du dazu?“

„Seht doch mich an, ich kann nicht laufen und doch bin ich hier bei euch. Klar kann ich kein fangen mit euch spielen, doch andere Sachen gehen und schon alleine, dass ich dabei sein darf, ist für mich toll.“

„Seht ihr, Jala spricht es aus. Es kommt nicht darauf an, was einer kann und was nicht. Wichtig ist erst mal, dass man ihn so akzeptiert, wie er ist, mit all seinen Höhen und Tiefen.“

Von Weitem hörten sie Gelächter und schon erschien Moja mit Klara an der Leiter unterm Baumhaus. „So, Klara, nun musst du noch den Weg nach oben überwinden. Gib mir deinen Stock. Hier, Halte dich fest. Die Leiterstufen sind gleich hoch und es sind fünf Stück, dann wird eine hilfreiche Hand dich empfangen. Cody“, rief Moja nach oben, „pass mal oben auf und hilf Klara. Ich bleib hinter ihr.“

Klara setzte den ersten Fuß auf die Leiter, ertastete die zweite Sprosse und stieg empor. „Super, das klappt ja perfekt.“ Oben streckte ihr jemand die Hand entgegen und Klara ergriff sie und ließ sich hochziehen und zu einen Stuhl bringen.

„Hallo, ich bin Cody, mir gehört das Baumhaus. Schön, dass du da bist. Wir freuen uns immer über Besuch.“

„Hi, ich bin Klara. Ich kann euch nicht sehen, ich bin blind. Moja sagte jedoch, das würde nichts ausmachen und so bin ich mitgekommen."

Jala lachte. „Ach, das ist vollkommen egal hier. Ich bin Jala und ich kann nicht laufen. Normalerweise sitze ich im Rollstuhl, doch mein Papa bringt mich immer hierher und trägt mich nach oben."

Wisal krabbelte zu Klara und schaute sie an. „Ich bin Wisal, ein Waschbär, und das ist mein Teddy." Er legte Klara den Teddy auf die Beine. „Du kannst nix sehen. Sag mal, wie ist es, wenn man nichts sieht? Läufst du dann gegen alles? Wie findest du deinen Weg?"

„Wisal, so etwas fragt man nicht", sagte Jaro.

„Warum nicht, wenn ich es doch wissen will?"

Moja schmunzelte. „Also ich finde, es ist besser, direkt zu fragen als drum herum. Doch erst einmal stellen sich alle vor, die Klara noch nicht kennen. Damit sie weiß, mit wem sie es zu tun hat."

Nacheinander stellten sich alle Anwesenden vor.

Wisal hopste herum. „So, nun kennst du alle und nun will ich wissen, wie du deinen Weg findest. Wenn ich mit geschlossenen Augen durch den Wald renne, dann bleibe ich an jeden Baum hängen. Also, wie machst du es?"

Klara lachte herzhaft. „Also, dann werde ich es dir erklären. Zum einen habe ich einen Blindenstock. Hier, schau." Sie zeigte auf ihren Stock, den Moja neben ihr abgelegt hatte.

„Hey, ein Stock und damit kann man sehen?"

„Nein, Wisal, den Stock nimmt Klara, um zu fühlen ob etwas in ihrem Weg liegt, den sie gehen möchte. Sie schwenkt ihn über dem Boden hin und her und wenn er gegen etwas stößt, weiß sie, dass etwas im Weg steht, und sie kann ausweichen", erklärte Malu.

„Wow, das ist voll cool. Doch du kannst trotzdem nicht damit sehen. Wie willst du dann die tolle Natur und vor allem unseren Wald kennenlernen? Das ist voll doof. Gibt es keine neuen Augen für dich? Die Menschen bauen doch alles, warum können sie dir keine neuen Augen geben?"

„Ach, Wisal, es geht eben nicht. Doch ich kann auch ohne mit den Augen zu sehen, alles wahrnehmen. Ich muss eben meine anderen Sinne verstärkt nutzen."

„Welche anderen Sinne und wie funktioniert das?" Cody schaute ganz interessiert.

Moja klatschte in die Hände. „Meine Lieben ich habe da eine Idee. Schaffen wir es, Jala und Klara nach unten zu bekommen, dann machen wir ein Spiel."

Cody war mit seinen 14 Jahren der Älteste und mit vereinten Kräften schafften sie es, die beiden aus dem Baumhaus zu bekommen. Unten setzten sie Jala in ihren Rollstuhl und Klara ging an die eine Seite, um sich am Stuhl festzuhalten. So brauchte sie nicht ihren Stock.

„So, was machen wir nun für ein Spiel?" Wisal hüpfte schon wieder aufgeregt umher.

Malu landete auf der Lehne des Rollstuhles und die anderen versammelten sich außen herum.

Moja überlegte. „Mmh, wer ist überhaupt da? Jaro, Aylin, Nadja, Cody und natürlich Klara und Jala. Bei euch Tieren haben wir Wisal, Lisa, Luam, den Dachs, Samson und Jannik, die Marder, und natürlich dich, Malu. Also, Lisa und Malu, ihr bleibt hier sitzen. Die anderen fassen sich an den Händen, immer zwei zusammen. Wisal, du gehst mit Luam, ihr habt die gleiche Größe."

Als jeder seinen Partner gefunden hatte, schauten sie erwartungsvoll Moja an. „So, und nun schließt einer die Augen und ihr lauft los, über die Wiese. Derjenige, der die Augen offen hat führt den, der sie geschlossen hat. Ihr müsst dabei immer reden und Anweisungen geben. Achtet auf Bodenunebenheiten und sagt es eurem Partner, dass er nicht stolpert. Diejenigen, die die Augen zu haben, müssen sich auf ihr Gehör verlassen und gleichzeitig den Boden fühlen, um selbst zu merken, wo sie hintreten. Vertrauen ist gut, jedoch darf man sich nicht voll darauf verlassen."

Es ging los. Die ersten machten vorsichtige Schritte. Der eine oder andere stolperte. Wisal zog mehr Luam hinter sich her, als dass er ihn führte. „Wisal geh mal langsamer. Du bist der Sehende, also musst du dich an Luam anpassen, doch ihm auch ein sicheres Gefühl geben."

„Das ist voll schwer." Luam kicherte. „Weißt du, wie doof es ist, nix zu sehen und sich auf dich verlassen zu müssen? Ich bin wirklich lebensmüde."

Malu lachte schallend los. „Wechselt doch einfach. Wisal, schließ du die Augen, du wolltest schließlich wissen, wie es ist, blind zu sein."

Die beiden wechselten und Wisal stolperte. „Boah, ist das gruselig."

„Nein nicht gruselig. Bleibt mal stehen und nun spürt mal mit euren Füßen den Boden unter euch. Dann lauscht in die Welt und hört. Dann macht einen vorsichtigen Schritt. Ihr müsst eure anderen Sinne aktivieren. Dann wisst ihr, wie ich sehe, auch, wenn ich blind bin." Klara legte ihre Hand auf Jalas Schulter. „Ich sehe nicht mit meinen Augen, jedoch sehe ich durch meine Sinne und durch mein Herz. Ich höre die Natur und ihre Lieder. Ich spüre die Kraft der Luft und den Atem des Lebens. Meine Vorstellungskraft lässt mich im Inneren sehen, wie etwas genau aussieht, wenn man es mir beschreibt.“

Jala sah auf. „Du nimmst dein Gebrechen an. Ich hatte Schwierigkeiten damit, doch nun akzeptiere ich es auch. Wir sind, wie wir sind. Egal, welches Handicap wir haben, wichtig ist, dass wir damit akzeptiert werden.“

Moja lächelte in sich hinein. Sie sah die kleine Gruppe, die mehr stolpernd als gehend über die Wiese lief. Doch sie sah auch, dass sie immer sicherer wurden, und ab und zu kam auch ein erstaunter Ausruf.

Malu räusperte sich. „**Weißt du, es ist egal, welches Handicap jemand hat. Wichtig ist, dass wir ihn damit akzeptieren und vor allem es verstehen. Wenn wir uns hineinversetzen und selbst mal spüren, mit welchen Schwierigkeiten er sein Leben meistert, dann merken wir, dass eine ungeheure Kraft in dieser Person steckt**. Erst dann ist man berechtigt dazu ein Urteil zu fällen. Kinder haben einen Vorteil, sie sind ohne Vorurteile. Durch ihre Neugier und ihre Direktheit gehen sie alles ungezwungen an. Erwachsene haben es da schon schwerer, denn ihnen ist einfach zu vieles gleich peinlich und sie gehen gerne unangenehmen Dingen aus dem Weg. Dabei steckt auch in ihnen noch das Kind.“

„Malu, wir können viel lernen von Jala, Klara und ihresgleichen. Wir müssen nur lernen, es zuzulassen.“

Die Gruppe war mittlerweile wieder zurückgekommen und alle fielen sie erschöpft ins Gras. Cody schaute staunend Klara an. „Klara, ich verstehe, was du uns sagen wolltest. Man braucht keine Augen, um zu sehen. Klar gibt es Bereiche im Leben, wo Augen hilfreich sind. Doch das

Wesentliche ist für die Augen unsichtbar, hier sieht man auch mit dem Inneren."

Wisal kroch zu Jala auf die Beine und ergriff ihre Hand. „Ich bin stolz, dass ich euch zu Freunden habe. Ihr habt euch außergewöhnliche Fähigkeiten angeeignet, um euer Leben zu meistern. Das finde ich voll cool und bewundernswert."

Malu grinste. „Genau so ist es und man kann auch zusammen Spaß haben, wenn man verschieden ist. Denn es kommt nicht auf das Äußere an. Wichtig ist nur, dass alle sich aufeinander einstimmen. Klara, du lächelst."

„Ja, denn ich war etwas unglücklich, dass ich hier noch keine Freunde gefunden hatte, und habe etwas Angst gehabt, dass man mich nicht akzeptieren würde. Doch nun sehe ich, dass es alles kein Problem ist, wenn man sich offen darauf einlässt. Vielen Dank, Malu, nun fühle ich mich hier zuhause, bei Freunden, die mich verstehen."

Malu und Lisa flatterten auf und jauchzend flogen sie davon.

Die Hand, die dich führt

Langsam senkt sich die Stille herab. Jeden Abend aufs Neue, wenn die Dämmerung einsetzt, kann man diese Stille spüren. Sie senkt sich mit wunderschönen Klängen über die Welt. An Tagen, an denen der Mond die Sonne zum Abschied küsst, entfaltet sich eine atemberaubende Magie über die Natur. Für einen Augenblick erscheinen der Mond und die Sonne gleichzeitig am Himmel. Mirko hing in seinem Netz und bewunderte dieses Schauspiel. Er dachte so bei sich. „Sonne wie Mond, beide kraftstrotzend und voller Energie und doch jeder für sich, einzigartig. Der eine beherrscht die Nacht, die andere den Tag. Wie zwei Pole, die sich gegeneinander anziehen und doch nie berühren."

Er war so in seine Überlegungen vertieft, dass er gar nicht merkte, dass Malu anflatterte. „Guten Abend. Was denkst du wieder? Dein Netz raucht schon um dich rum."

Erschreckt sah Mirko auf. „Hallo Malu. Ich war gerade am nachdenken über die Sonne und den Mond. Immer wieder faszinierend, wenn sie kommen und gehen."

„Ach, Mirko, ist es nicht bei allen Dingen so? Ein ständiges Kommen und Gehen. Das Leben ist es auch. Man wird geboren, bleibt einige Zeit hier und dann geht man wieder."

„Die Sonne und der Mond kommen aber schon seit Jahrzenten immer wieder. Jeden Morgen und jeden Abend. Sind sie unsterblich? Ist das nicht erschreckend? Ich möchte zwar lange Leben, doch ewig?"

„Mirko, kann es sein, das du heute etwas sentimental bist? Ich denke, das ist die richtige Zeit, um mal den alten Georg zu besuchen. Er reflektiert so oft sein Leben. Ihm können wir deine Fragen stellen. Er weiß sicher eine Antwort. Ich suche mal Sophia, dann kann sie dich abholen und zu Georg mitnehmen." Malu flatterte auf und ließ einen nachdenklichen Mirko zurück.

Georg wohnte in einem kleinen Haus am Rande des Dorfes. Nachdem Malu Sophia an der großen Eiche mitgeteilt hatte, dass sie Mirko abholen soll, flog er direkt zu Georgs Veranda und rief: „Georg, bist du da. Es ist Besuch im Anmarsch."

Die Terrassentür öffnete sich und Georg trat heraus und setzte sich auf seinen Lieblingsstuhl. „Malu, schön, dass du kommst. Ach und da ist auch schon Sophia im Anflug. Seid gegrüßt."

„Ich bin auch dabei." Flink krabbelte Mirko aus dem Gefieder. „Du bist doch schon so alt ..."

Georg hob lachend die Hand und unterbrach Mirko. „Alt? Du bewegst dich auf sehr dünnem Eis, mein Kleiner. Alt ist eine Bezeichnung für etwas, das es schon einige Jahre gibt. So, wie du es gesagt hast, ist es eher etwas Schlechtes, etwas, das am Ende ist."

„Also ist alt nicht alt?"

„Worum geht es eigentlich? Geht es ums Alter an sich oder ums Älterwerden? Das sind zwei verschiedene Dinge."

„Boah, wieder alles voll kompliziert." Malu grummelte in sich hinein. „Georg, es geht eigentlich nur darum, dass Mirko sich fragte, ob er ewig leben möchte, wie die Sonne und der Mond. Die gibt es schon immer und wird es immer geben."

Sophia legte den Kopf schief und überlegte. „Wer will schon ewig leben?"

Georg schaute seine Freunde an. „Nein, ewig leben möchte ich auch nicht, jedoch möchte ich in Würde diese Welt wieder verlassen."

„In Würde? Was heißt das?"

„Macht es euch bequem, denn um euch das zu erklären, braucht es einige Zeit."

Georg sah in den Sternenhimmel und schmunzelte im Inneren über seine Freunde. Was sie immer für Fragen und Gedanken hatten … und doch, irgendwie brachte es ihn zum Überlegen, selbst zu reflektieren und darüber nachzudenken. „Ein Leben zu leben ist nicht leicht. Wir erleben in unserem Dasein, auf der Welt, viele verschiedene Facetten. Um euch verständlich zu erklären was ich mit Würde meine, muss ich am Anfang beginnen." Er räusperte sich. „Wie alles auf der Erde werden wir aus einem kleinen Samenkorn geboren. Wir wachsen und gedeihen nur durch liebevolle Pflege. Schon in jungen Jahren wird unser weiteres Leben geprägt. Zuerst werden wir geführt. Uns wird alles beigebracht und wir müssen uns auf denjenigen verlassen, der unsere Hand hält. Doch dann kommt die Zeit, wo wir losgelassen werden. Wir müssen auf unseren eigenen Beinen stehen und selbst die Erfahrungen machen und auch mit Niederlagen zurechtkommen. Dies ist die Zeit, die uns unser wahres Ich erkennen lässt. Wünsche, Ziele und Träume beherrschen diesen Mittelpunkt des Lebens. Wir sind so davon eingenommen, dass wir gar nicht merken, wie schnell die Jahre vergehen. Plötzlich sitzt man da und überlegt. Habe ich alles richtig gemacht? War mein Leben lebenswert? Was kommt jetzt? Soll es das gewesen sein? Ist das das Leben gewesen? Dieses kurze Aufbäumen? Wo sind die Jahre geblieben? Fragen über Fragen und keine Antworten und doch kennen wir die Antwort. Sie steckt in uns drin. Genau so, wie wir auf diese Welt kamen, so wollen wir sie wieder verlassen. Liebevoll und an der Hand.“ In Gedanken versunken machte Georg eine Pause.

„Würdevoll bedeutet also nichts weiter als geliebt, respektvoll und vor allem nicht alleine?“

„Malu, du hast es fein gesagt. Ja, ich denke, so kann man es auch sehen. Wisst ihr, wenn man in diese Lebensphase kommt, in der man ans Sterben denkt, ist das Wichtigste, das man nicht alleine ist. Dazu kommt, dass es viele verschiedene Phasen gibt, in denen man sich mit diesen Gedanken auseinandersetzten muss. Zum Beispiel wenn dich eine Krankheit ereilt, in der es keine Heilung gibt. Da ist es besonders schwierig. Denn man wird aus seinem Leben herausgerissen. Plötzlich sind noch so viele Wünsche und Träume offen, jedoch bleibt einem keine Zeit mehr dafür. Gerade hier ist es wichtig, nicht alleine zu sein. In Würde sterben ist hier besonders wichtig. Das Wissen, dass einen keine Zeit mehr bleibt, ist beängstigend. Doch wenn dir jemand die Hand reicht und mit dir lacht und fröhlich ist und dir zeigt, dass selbst diese letzten Tage noch ein Erlebnis sein können, das lässt dich mit einem Lächeln einschlafen. Denn derjenige gibt dir die Würde, das Gefühl, dass, egal, wie lange du auf Erden geweilt hast, du etwas Besonderes warst.“

„Das muss jedoch auch sehr schwer sein für diejenigen, die die Hand anbieten und halten. Nicht jeder kann das und man möchte doch keinem zur Last fallen.“ Malu schaute nachdenklich.

Georg seufzte tief auf. „Ja diese Menschen sind etwas ganz Besonderes. Denn sie tragen das Leid mit, sehen und fühlen und trotz allem lachen sie und bringen in die letzten Momente des Daseins ein Lächeln. Für mich sind diese Menschen wahre Helden des Lebens.“

Mirko lief eine Träne über die Wange. „Ich weiß nicht, ob ich das könnte. Dazu bedarf es einer enormen Kraft. Ich würde ständig weinen.“

„Kennst du den Satz, unter Tränen lachen? Genau das musst du tun. Die, die dir ihre Hand in deiner schwersten Stunde des Lebens reichen, sind diejenigen, die dir das Gefühl geben, geliebt zu werden. Dieses Gefühl kennst du aus deiner Anfangszeit des Lebens. Mit Tränen und einem Lachen wurdest du empfangen und genau mit diesem Gefühl möchtest du auch zu den Sternen fliegen.“

Sophia atmete tief durch. „Georg, wie ist das, wenn man jedoch viele Jahre gelebt hat und weiß, dass es bald zu Ende gehen kann? Jedes Lebewesen hat eine gewisse Zeitspanne. Keiner lebt unendlich.“

Georg schmunzelte in sich hinein. „Diese Frage ist enorm wichtig. Doch denke mal intensiv darüber nach. Wenn du dir heute schon Gedanken darüber machst, das Morgen nicht zu überleben, dann lebst du Heute schon nicht mehr, weil du dir gestern schon Sorgen gemacht hast. Ich zähle schon einige Jahre und ich weiß, dass nicht mehr viele vor mir liegen. Dies ist der Lauf des Lebens. Doch das wichtigste ist für mich, genau so wie für den, der aus dem Leben gerissen wurde, eine hilfreiche Hand gereicht zu bekommen und mit einem Lächeln zu den Sternen zu fliegen. Klar möchte ich keinem zur Last fallen, doch keiner verdient es, alleine zu gehen. Auf unserem ersten Schritt in diesem Leben wurden wir gehalten, so soll es auch auf unseren letzten Schritt sein. An dieser Stelle im Leben ist es falsch, sich dagegen zu wehren und zu sagen, ich brauche niemanden. Ich hatte mal ein Gespräch, mit einer helfenden Hand, sie heißt Tatjana und sie hat mir gesagt. *Es geht vielmehr darum, dass es das Angebot der Hilfe und Begleitung gibt. Das allein ist schon eine große Entlastung. Und es geht darum, dass jeder Mensch frei entscheiden kann, ob er Hilfe annimmt oder nicht. Das auszuhalten ist für helfende Hände am schwersten. Denn wer wird schon gerne zurückgewiesen, wenn er helfen möchte? Manchmal sind Sterbende sehr anstrengend, weil sie mal Hilfe wollen und im nächsten Moment nicht. Das muss man tragen können und nicht auf sich beziehen. Kurzum, Hilfe in dem Fall bedeutet: Ich halte das aus, ich halte dich aus, du darfst dich mir zumuten – so, wie du bist. Ich werte nicht, ich führe nicht. Ich bin einfach da und bereit deine Hand zu halten.* Wisst ihr, die Würde drückt sich dadurch aus, dass wir selbstbestimmend bleiben bis zum Schluss. Tatjana ist für mich ein sehr bewundernswerter Mensch. Ich ergreife gerne die Hand, die man mir reicht, denn ich weiß, was für eine Kraft und aufopfernde Hingabe darin liegt. Das wir alle irgendwann diese wundervolle Welt wieder verlassen müssen, steht schon fest. Doch sollten wir sie auch so verlassen, wie wir sie betreten haben. Liebevoll und in Würde."

Mirko rannen die Tränen aus den Augen, doch er lächelte. „Georg, ich ziehe den Hut vor diesen Händen, die bereit sind, diejenigen zu begleiten, deren Leben zu Ende geht."

Malu schaute Mirko an. **„Nein, Mirko, nicht zu Ende. Sieh es als ein Aufsteigen in den Himmel. Bewacht und**

beschützt vom Mond und auch der Sonne werden diese Seelen immer in den Erinnerungen und den Herzen der Zurückgebliebenen bleiben. Dies ist auch der Sinn, warum Sonne und Mond unsterblich sind. Die Sonne gibt den Sternen, den aufgestiegenen Seelen, das Licht zum Erstrahlen und der Mond hält schützend die Hand über sie.“

Die Freunde saßen noch lange bei Georg und schauten den funkelnden Sternen zu, die, vom Mond bewacht, am Horizont glitzerten. Ab und zu rollte eine Träne herab. Doch sie war verbunden mit einem Lächeln auf den Gesichtern.

Gleiche Wellenlänge

Es war wieder einmal Tumult im Wald, als sich die Sonne herabsenkte. Kaum war Malu rausgeflattert hörte er den Lärm. Es schien eine lebhafte Diskussion im Gange zu sein. Mit einem letzten Blick in den schönen Sonnenuntergang flog er den Stimmen entgegen und landete neben Imani auf der Buche am See. Er sah hinunter ans Ufer und schmunzelte. „Was ist da wieder los, Imani?"

Themba, der Wolf, war mit seiner Familie vor Ort und Hope, die Füchsin, mit ihren Kindern. Auch Wisal und Luam waren da sowie ein neuer Besucher. Könnte eine Katze sein. Malu rief hinunter. „Huhu, was macht ihr für einen Lärm. Was gibt es denn, dass ihr so laut diskutieren müsst?"

Themba schaute auf. „Habe die Ehre, Malu. Schön, dass du kommst. Darf ich vorstellen, das ist Darian, ein Luchs."

Also doch keine Katze. „Hallo ich bin Malu. Schön, dass du den Weg in unseren Wald gefunden hast."

„In der Tat. Es ist recht schön, euer Fleckchen hier. Doch dass man euch alle hier akzeptiert, ist wirklich eine Seltenheit."

Wisal grummelte. „Akzeptiert ist wohl zu viel gesagt, eher mit zusammengebissenen Zähnen geduldet."

„Wobei wir wieder bei dem Menschen wären. Also was hat er diesmal wieder getan?"

Themba streckte sich. „Naja, wie immer kann er uns Wölfe nicht leiden. Angeblich reißen wir seine Schafe und erschrecken das Vieh. Zu meiner Verteidigung muss ich zugeben, wir haben ein Schaf gerissen. Doch ich habe eine Familie zu ernähren und wenn sie das Rotwild und die

Wildschweine so auskernen, dass keine schwachen Tiere zurückbleiben, die wir jagen können, müssen wir eben Schafe jagen. Es siedeln sich immer mehr von uns an und wir alle müssen fressen.“

„In der Tat, uns Luchse halten sie für Katzen. Das beweist doch mal wieder, wie dämlich manche Menschen sind. Sicher halten sie Malu auch für einen Vogel. Das Unwissen ist echt nicht mehr auszuhalten.“

„So kannst du es auch nicht sagen. Nicht alle Menschen sind gleich. Doch es steckt bei vielen die Existenz dahinter. Auch sie wollen überleben. Wenn ein Schäfer seine Schafe verliert, ist das sehr schlimm, denn es ist sein Lebensunterhalt.“ Malu schaute alle an. „Genau wie wir Tiere möchte auch der Mensch nur überleben. Leider sehen uns viele als Ärgernis an. Der Wolf ist wie ein rotes Tuch bei vielen Menschen. Er sieht nur dieses riesige, gefährliche Geschöpf, das lange Zeit nicht in seinen Wäldern zuhause war. Groß ist immer gleich gefährlich.“

„In der Tat, das stimmt. Dabei gibt es weitaus gefährlichere Tiere. Nimm mal eine Stechfliege. Von der werden sie sehr häufig angegriffen und auch gestochen. Die Wahrscheinlichkeit, von einen Wolf angegriffen zu werden, gegenüber einer Steckfliege, ist enorm gering.“

Wisal lachte schallend los. „Wobei wir wieder bei den Dinos wären. Bedenkt mal, wenn so ein Dino hier zurückkommen würde. Dann würden sie voll in Panik geraten, dagegen ist der Wolf ein Kuscheltier.“

„Nicht nur ein Dino, schon ein Löwe oder Tiger hier in unseren Wäldern. Da sollten sie doch eigentlich froh sein, dass es nur der Wolf ist.“ Malu überlegte. „Es ist so, dass es viel gefährlichere Tiere auf der Welt gibt und viele sind auch nicht mal groß. Ich glaube fest daran, dass es nur an der Aufklärung liegt. Viele wissen nichts über das Sozialverhalten der Wölfe. Klar ist der Wolf ein Raubtier, das ist jedoch auch der Fuchs und der Luchs. Alle fleischfressenden Tiere sind Raubtiere. Sie müssen jagen, um zu überleben. Pflanzenfresser dagegen werden oftmals als harmlos hingestellt, doch auch sie haben es faustdick hinter den Ohren. Nehmt mal eine kleine Raupe, sie kann in kürzester Zeit mit ihrer Familie einen ganzen Busch kahl fressen."

Themba grollte auf. „Ich bin nicht so gefährlich wie eine Zecke, die macht die Menschen sogar krank und ist kaum zu sehen. Von denen gibt es viel mehr als von uns. Anstatt dass sie mal damit anfangen, etwas zu finden, um diese kleinen Raubtiere zu vertreiben. Sic belästigen sogar uns Tiere. Doch davon spricht keiner, es geht nur immer um uns Wölfe. Wir wollen den Menschen nicht als Feind. Wir wollen nur unseren Lebensraum zurück und in Ruhe unsere Kinder aufziehen. Solange das Wild ausgekernt wird, die Wälder gerodet und unser natürlicher Lebensraum zerstört wird, haben wir kaum eine Chance, unserer Natur nachzugehen."

Imani lüftete die Flügel und sah zu Themba hinunter. „Ich denke, dass viele nur von ihrer Angst beherrscht werden. Dir zu begegnen, in freier Natur, und schon das Wissen, dass du da bist, ist für viele beängstigend. Die Schäfer verstehe ich auch, denn jedes Schaf ist wertvoll. Doch sie haben die Möglichkeit, sich Zäune zu errichten, die dich abhalten, ihre Schafe zu reißen, doch die wenigsten nehmen diese Möglichkeit an."

„Ha, die Zäune sind ein Witz. Da springe ich locker darüber. Da haben sie Zäune, die viel zu niedrig sind. Da waren

Denker am Werk, die nicht wissen, dass wir auch hohe Sprünge machen können. Jedoch halten sie uns schon etwas zurück.“

Wisal lachte. „Hätten wir Dinos hier im Wald, würden die Menschen sicher auch Zäune mit 1,50 m errichten. Der Mensch sollte sich eigentlich darüber freuen, dass ihr Wölfe und Luchse den Weg zurück gefunden habt. Ich finde es sehr schön, dass ihr wieder hier lebt.“

„In der Tat, du sprichst es aus. Wenn die Lebensbedingungen sich nicht so sehr gebessert hätten in diesen Wäldern, wären wir nicht zurückgekommen. Die Gefahr geht nicht von uns aus. Im Gegenteil, auch wir sind wichtig für das Gleichgewicht der Natur. Jedes Lebewesen auf dieser Erde hat eine Aufgabe.“ Darian wackelte mit seinen spitzen Ohren. „Gestern habe ich eine Wildkatze gesehen. Auch sie finden den Weg zurück. Warum auch nicht, denn sie sind auch Bewohner der Natur. Warum will der Mensch diejenigen vertreiben, die ein Anrecht darauf haben, darin zu wohnen? Er ist nur Besucher in unserer Natur, das sollte er sich hin und wieder vor Augen führen.“

Hope, die Füchsin, hob den Kopf. **„Nichts in der Natur ist gefährlich, wenn man ihm mit dem nötigen Respekt gegenübertritt**. Genau so ist es bei den Menschen. Sie wollen auch respektvoll behandelt werden und ab und zu tanzt selbst bei ihnen mal einer aus der Reihe. Themba, wenn du eines ihrer Schafe reißt, dann darfst du dich nicht wundern, wenn es welche gibt, die über dich schimpfen. Auch wenn du es nur getan hast, um deine Familie zu ernähren. Es ist falsch und auch nicht deine Art. Doch darüber könnten wir stundenlang diskutieren. Wir Füchse lassen uns sehr selten sehen. Leben mehr im Verborgenen und doch sind wir da und wir jagen. Wir leben schon lange hier in den Wäldern, obwohl es immer noch viele Menschen gibt, die nicht wissen, dass wir sie aus dem Unterholz heraus beobachten."

Malu lächelte in sich hinein. „Du sagst es, Hope. Der Mensch geht mit Scheuklappen durch den Wald. Wenn er öfters mal genau hinsehen würde, was ihn da alles beobachtet … Ich glaube, er rennt dann schreiend weg. Zumindest einige würden es tun. Schon der Anblick von Danger der Ringelnatter oder wenn sie deine Ohren sehen würden, Darian. Selbst wenn Imani als Bussard im Tiefflug an ihnen vorbeischwebt. Wir Tiere sind in erster Linie scheu und vorsichtig. Angreifen tun wir nur, wenn Gefahr droht oder wenn wir unsere Nachkommen schützen müssen. Ansonsten gehen wir den Menschen aus dem Weg. Das liegt in all unseren Genen und somit auch in dir, Themba. Ohne dass man dich angreift oder deine Familie gefährdet, würdest auch du im Verborgenen Leben. Viele Menschen wissen, dass wir da sind. Doch die wenigsten haben uns schon gesehen, obwohl sie jeden Tag durch die Natur stapfen."

„In der Tat. Das Wissen, dass wir da sind, ist für viele erschreckend genug, da müssen wir uns nicht auch noch zeigen."

Die Tiere lachten herzhaft los, denn Darian hatte es auf den Punkt gebracht.

„Ja, im Endeffekt sind wir genau wie der Mensch, denn er beschützt auch nur, was ihm gehört, und greift auch nur an, wenn er bedroht wird. Dadurch, dass wir eigentlich die gleichen Ziele verfolgen, in dieser Sache, werden wir wohl nur schwer auf eine Wellenlänge kommen. Doch ein Versuch ist immer möglich. **Ein Miteinander ist immer bes-**

ser als ein Gegeneinander. Einfach jeden in seiner Art akzeptieren und respektieren und die Welt würde lächeln.“ Mit diesen letzen Worten flatterte Malu auf und ließ nachdenkliche Tiere zurück.

„Sammle schöne Augenblicke,
als Vorrat für schlechte Zeiten.“

Patchwork

Lachen erscholl durch den Wald, als die Kinder des Dorfes mit Moja vorbeiwanderten. Malu hörte sie in seiner Höhle lachen und musste auch grinsen. Wie ansteckend doch so ein Lachen war. Die Sonne senkte sich gerade herab und das abendliche Schauspiel begann. „Maluuuu, heute großes Treffen bei Orenda. Die Kinder kommen. Ich flieg schon mal mit Sophia los“, kam es von draußen.

„Ok, Mirko, ich komme gleich nach. Muss erst noch etwas Futter fassen.“ Malu flatterte aus der Höhle und schnappte sich, auf dem Weg zu Orenda, ein paar Fliegen und Falter, um seinen Energiehaushalt aufzuladen. Als er oben am See ankam, waren schon viele versammelt und die Kinder kamen gerade an. Orenda hatte ein kleines Lagerfeuer angezündet und außen herum, in sicherem Abstand, lagen Baumstämme zum drauf Sitzen. Bis sich jeder einen Platz um das Lagerfeuer gesucht hatte, verging einige Zeit. Es wurde mit viel Gelächter diskutiert, wer neben wem sitzen darf.

Orenda trat aus ihren Zelt und hatte heute eine bunte Decke über ihre Schultern gelegt. Diese bestand aus ganz vielen verschiedenen Stoffteilen, die aneinandergefügt worden waren. „Hallo, alle miteinander. Schön, dass ihr hier seid. Ich freue mich immer sehr, wenn ihr mich besucht.“ Sie ging zum Feuer und entnahm ihrem Beutel ein paar Kräuter und warf sie hinein. Sogleich stoben Funken gen Himmel.

Die kleine Nadja hob die Hand. „Orenda, was ist das für eine wunderschöne Decke, die du da um dich gelegt hast?“

Orenda lächelte. „Dies ist eine Patchworkdecke. Da steckt sehr viel Liebe drin. Wisst ihr, bei diesem Patchwork geht es darum, aus vielen kleinen, verschiedenen Teilen, etwas Großes, Schönes und Stimmiges zu machen. Es ist eine sehr schwierige Aufgabe. Nicht jeder Stoffrest ist gleich von der Farbe, der Qualität und der Stärke. Man muss sie so zusammenpassen, dass sie eine Einheit bilden."

Malu sah Orenda an. „Ist das indianisch?"

„Nein, der Ursprung dieser Technik kommt aus dem Orient. Die ersten Patchworkarbeiten lassen sich 3000 Jahre zurückverfolgen, nach Ägypten."

„Oh, das ist schon sehr alt. Ich finde, die Decke sieht wunderschön aus. Sie ist farbenfroh und strahlt Freude aus."

„Ja, doch bis sie vollendet ist, bedarf es vieler Überlegungen, vieler Entscheidungen und vor allen viel Geduld. Es ist nicht einfach, auch wenn es einfach aussieht."

Jala schaute in die Runde. „Was soll daran schwer sein? Man nimmt einfach Stoffreste, schneidet ein paar Vierecke und näht sie zusammen, bis es eine Decke ergibt."

„Wenn es so einfach wäre ... Jeder Stoff hat seine eigenen Eigenschaften. Sie müssen passend zusammengesetzt werden. Du kannst kein Stück altes Leder an einen zarten Seidenstoff hängen. Das wäre ein schlechter Übergang. Erst einmal musst du den Seitenstoff stärken, ihm die Kraft und Stärke geben, dass er sich an das Leder anschmiegt, oder man muss ein Stückchen Baumwolle dazwischen einfügen. Etwas, was beide Teile in Harmonie vereint. Also, ihr seht, es ist nicht immer leicht, auch wenn es leicht aussieht. Doch am Ende, wenn man sich darauf eingelassen hat, kann etwas faszinierend Einzigartiges entstehen."

Jaro stupste seine Schwester Aylin an. „Was schupst du mich?“, flüsterte sie.

„Soll ich mal fragen?“

„Was?“

„Na das … du weißt schon.“

Moja blickte die beiden an. „Ihr könnt gerne alles fragen was ihr wollt. Was möchtest du denn wissen, Jaro?“

„Naja, also die Decke ist wirklich toll, doch … Also … naja.“

„Nun raus mit der Sprache. Egal, was es ist, lachen tut hier keiner.“

Alle schauten sie Jaro an. Er wurde etwas rot, da er nun die Aufmerksamkeit aller besaß. „Ok, warum nennen die Nachbarn uns eine Patchworkfamilie? Wir sind doch keine Decke.“ Nun war es raus und er blickte etwas verlegen in die Runde.

Mirko seilte sich herab und sah Jaro und Aylin an. „Dachte ich es mir doch. Doch ich finde, ihr seid ein tolles Geschwisterpaar. Wenn man nicht wüsste …“

„Was?“, fragten einige.

Orenda hob die Hand und es kehrte wieder Schweigen ein. „Ihr seid etwas Besonderes wie diese Decke, deshalb sagt man Patchworkfamilie. Wie bei dieser Decke, die aus vielen Teilen besteht, ist eure Familie auch zusammengefügt. Jaro, deine Mama hat Aylins Papa geheiratet. So wurdet ihr zu Geschwistern. Doch nicht von Geburt her. Ihr seid wie diese Decke als Familie zusammengekommen. Deshalb nennt man solche Familien Patchworkfamilien. Moja, du hast viel damit zu tun, in deiner Jugendarbeit. Wie erkläre ich es ihnen?“

„Genau wie bei der Decke ist es nicht leicht, auch wenn es leicht aussieht in so einer Familie. Könnt ihr euch noch erinnern, wie es war, als ihr euch kennenlerntet, Aylin und Jaro?“

Aylin hob die Hand. „Naja, ganz ehrlich, ich fand es toll, einen neuen Spielgefährten zu bekommen, da wir erst hierher gezogen sind. Mama war so lange krank und als sie zu den Sternen ging, bin ich meist zuhause geblieben. Meine Freundinnen wussten nicht, wie sie mit mir umgehen sollten, deshalb war ich froh, dass ich hier Jaro kennenlernte.“

„Ja es war toll, dass Aylin da war. Mein echter Papa ist einfach abgehauen und viele haben mich deswegen gehänselt in der Schule. Ich war froh, jemanden zum Spielen zu haben.“

„Wie war es, als ihr merktet, dass deine Mama und ihr Papa sich mögen?“

Verlegen schaute Aylin nach unten. „Naja, ich war böse mit Papa. Er liebte doch Mama, auch wenn sie nicht mehr da war. Ich spielte gerne mit Jaro, doch ich wollte nicht, dass Papa mit seiner Mama zusammen war. Das fand ich total doof.“

Jaro grummelte: „Du warst auch total doof und gemein. So, als könne ich etwas dafür, dass sich unsere Eltern ineinander verguckt haben. Dabei fand ich es selbst auch nicht gerade cool.“

„Seht ihr, genau wie bei einer Patchworkdecke. Erst mal beschnuppern und kennenlernen. Dann muss man sehen, was zusammenpasst. Der eine sagt so, der andere so. Es ist ein Kräftemessen, wer nimmt welche Position ein. Wird Jaros Mama zu Aylins Stiefmutter? Stiefmutter ist übrigens ein sehr alter Begriff, den ich nicht gutheiße. Denn wir kennen Stiefmütter aus Märchen und da sind sie immer böse. Deshalb finde ich diese Bezeichnung nicht gut."

Jaro meldete sich. „Ich hatte mehr Angst davor, dass Aylins Papa mir nun was zu sagen hätte und dass ich ihn Papa nennen soll. Ich war mit Mama alleine sehr glücklich."

Orenda sah Jaro an. „Das glaube ich dir. Doch war deine Mama auch glücklich? Sicher war sie glücklich, dass du da warst, doch ihr fehlte trotzdem was und das fand sie in Aylins Vater. Glaubt mir, die beiden haben sich viele Gedanken gemacht. Doch wer nichts wagt, der nichts gewinnt. So eine Patchworkfamilie zusammenzufügen, um eine Harmonie zu erzielen, ist wirklich eine sehr schwierige Aufgabe."

Aylin lachte. „Ja, das war es wirklich. Oft denken wir zurück und dann lachen wir selbst darüber. Was waren wir doch alle stur. Jeder wollte recht behalten, keiner nachgeben. Doch wir haben es zusammen geschafft."

Jaro gluckste. „Ich war echt voll gemein. Doch dann sah ich Mama weinen und sie sagte mir, dass sie mir doch nichts Böses wolle und ich soll mir doch mal Gedanken machen, was wirklich wichtig ist. Sie meinte, das Aylin doch bisher eine super Spielfreundin war, warum dann nicht auch eine tolle Schwester? Das brachte mich zum Nachdenken. Denn wer kann schon sagen, dass seine Schwester die beste Freundin ist."

Malu schaukelte am Ast hin und her. „Das war sicher megaschwer, die Einsicht, vor allem für ein Kind, und eure Eltern hatten es sicher auch nicht leicht, denn sie mussten ja sehen, wie sie den neuen Familienalltag gestalten. Wer was darf und wer nicht. Boah, das stelle ich mir enorm schwer vor. Was für ein Durcheinander."

Orenda lächelte. „Genau, Malu, wie bei einer Patchworkdecke. Erst liegen viele verschiedene Stoffe auf einem Haufen. Das totale Chaos. Wenn man dann etwas Ordnung hineingebracht hat, sieht es schon besser aus. Doch ausschlaggebend ist am Ende, wenn die Harmonie stimmt und etwas Außergewöhnliches daraus entsteht."

Jaro lächelte. „Jetzt verstehe ich, warum man Patchworkfamilie zu uns sagt."

Aylin schupste Jaro an. „Jetzt sag bloß nichts Falsches. Wir sind auch so eine tolle Patchworkdecke, wie Orenda sie heute trägt. Denn unser Leben ist voller bunter Farben und wir verstehen uns mittlerweile sehr gut, Bruder."

Jaro lachte schallend los. „Ja, Schwester, noch bunter und fröhlicher kann unsere Patchworkfamilie nicht sein. Eben einzigartig."

Tiere wie Kinder lachten mit den beiden mit. Wenn man es nicht gewusst hätte, würde man nicht glauben, dass sie keine echten Geschwister waren. Sie waren Geschwister im Herzen, denn sie hatten eine sehr schwere Zeit durchgemacht, um etwas sehr Wertvolles zu erlangen – eine Familie.

Es wurde noch lange gelacht und geredet am Lagerfeuer bei Orenda. Malu beobachtete alles von seinem Ast aus, an dem er hing. Es war wieder so eine Nacht, in der er spürte, wie schön das Leben doch sein kann.

Malus Traum

Die Sterne leuchteten heute besonders hell und der Mond lachte vom Himmel. An der Eiche Valeska hing Malu an einem Ast und schaukelte lächelnd hin und her. Sophia flog lautlos hinzu und schaute ihn an. „Hallo Malu. Das Lächeln auf deinem Gesicht sagt mir, dass dir etwas Wunderschönes durch den Kopf geht. Verrätst du mir, was es ist?"

Malu grinste über das ganze Gesicht Sophia an. „Ach ich hatte einen Traum, letztes Jahr, als ich Winterschlaf hielt, und gerade erinnerte ich mich wieder daran."

„Wow, das muss ein toller Traum gewesen sein."

Es rauschte und Imani, der Bussard, kam herbei. „Huhu, was lächelt ihr so?"

„Malu erinnert sich gerade an einen Traum, den er während des Winterschlafs hatte. Einen schönen Traum."

„Das war bestimmt an dem Tag, wo wir alle dachten, er wacht zu früh auf. Ich weiß noch, dass Wisal völlig in Panik zu mir kam und erzählte, dass Malu in seiner Höhle zuckte und immer wieder laut lachte. Wir sind gleich zu ihm geflogen und haben voller Angst beobachtet, wie er im Schlaf lachte."

Malu stutzte. „Das habt ihr mir gar nicht erzählt."

„Malu, du weißt doch, dass wir dich immer beschützen und darauf achten, dass nichts deinen Schlaf stört. Wisal war an der Reihe und er erschrak fürchterlich, als du plötzlich im Schlaf zu lachen anfingst."

„Das kann ich mir vorstellen."

„Es war faszinierend, dich zu beobachten. Du erschienst uns sehr glücklich und voller Freude und das im Tiefschlaf."

„Ach, Sophia, es war ein mega toller Traum. Soll ich ihn euch erzählen?"

Imani gluckste. „Weißt du was, lass uns zu Zacharias fliegen. Sicher sind dort wieder viele versammelt und du kannst deinen Traum allen erzählen."

„Tolle Idee. Komm, lass uns losflattern."

Die drei erhoben sich in die Luft und flitzten unter dem Sternenhimmel entlang zu Zacharias Hütte.

„Zacharias, Lynn, heute erzähle ich euch eine Geschichte", rief Malu schon von Weitem.

Die beiden saßen auf der Veranda und sahen ihnen entgegen. Um sie herum waren einige Tiere versammelt. Malu flatterte erst einmal runter zur Lavendelwiese und begrüßte Guillermo, den Gargouilles. Dann hängte er sich an die Verandastange. „Wow, was macht ihr alle hier?" Er sah sich um und sah Saira, das Eichhörnchen, natürlich Wisal, die Marder und sogar Luam, den Dachs. Fynn, der Grashüpfer, saß auf der Brüstung und lachte Malu entgegen. „Habe die Ehre, was willst du uns erzählen?"

„Ich habe mich heute wieder an einen Traum erinnert, den ich während des Winterschlafs hatte. Den würde ich euch gerne erzählen."

Wisal schnaubte. „Das war eine Aufregung. Ich dachte, du wachst auf. Das ist bestimmt dieser Traum. Es war wirklich erschreckend, als du plötzlich mitten im Schlaf loslachtest. Ich bekam richtig Angst um dich."

„Genau, Wisal, das muss der Traum gewesen sein. Ich habe ihn so in meiner Erinnerung, als wäre es wirklich passiert. Danke, dass du auf mich aufgepasst hast.“

Wisal schaute verlegen. „Ach, das ist doch nichts. Ist doch selbstverständlich unter Freunden. Außerdem lag draußen eh viel Schnee, da war es bei dir in der Höhle kuscheliger.“

Lynn schmunzelte. „Es war wirklich ein strenger Winter mit viel Schnee und wäre Malu als Winterschläfer da aufgewacht, hätte er keine Chance gehabt zu überleben. Deshalb finde ich es sehr aufopfernd, dass ihr immer ein Auge auf ihn habt. Zacharias, schau mal, deine Freunde sind hier.“

Zacharias schaute kurz auf, seufzte tief und streichelte abwesend seine Decke, die über seinen Beinen lag. „Naja, vielleicht ist er gleich bei uns. Malu, erzähl uns einfach deinen Traum.“

Malu ließ sich auf die Brüstung fallen und dappelte hin und her mit schleifenden Flügeln. „Es war sooooo schön.“ Er spannte die Flügel theatralisch auf. „Sooooo schön. Ich wachte auf und wusste, dass etwas besonders war. Nichts ahnend flatterte ich aus der Höhle und kam in eine weiße Wunderwelt. Erst erschrak ich, doch dann merkte ich, dass ich gar keinen Hunger verspürte und mein Energiehaushalt voll geladen war. Ich flatterte über die weiße Pracht und wusste, ich musste träumen. Doch es war mein Traum. Ich wollte ihn erleben. Ich flog jauchzend Loopings und fegte mit meinen Schwingen über die Äste der Bäume, sodaß es weiß herabrieselte. Die Sterne am Himmel ließen den Wald glitzern und es war hell, nicht dunkel. Es war so berauschend.“ Er machte eine Pause und atmete tief durch.

„Dann erschien Abaya, der Geisteradler, vor mir. Er funkelte und glitzerte wie der Schnee. Er sah mich an und lachte. *Malu, heute kannst du dir deinen eigenen Traum erschaffen. Erlebe ihn in vollen Zügen. Dein großer Wunsch, der in deinem tiefsten Inneren verborgen war, diesen kannst du nun leben. Denn Träume entstehen in unserem Unterbewusstsein. Hier vor dir, ist deine Traumwelt. Erlebe, was du schon immer einmal erleben wolltest, und ziehe Kraft daraus. Deine Natur lässt es nicht zu, dass du in den winterlichen Monaten erwachst. Deshalb schenke ich dir diese Traumzeit, diese Magie, um dir deinen tiefsten Wunsch zu erfüllen.* Ich war erstaunt und glücklich zugleich. Dieses Geschenk war besonders wertvoll für mich. Vieles kannte ich aus euren Erzählungen, doch es selbst zu sehen, das war überwältigend. Ich hängte mich an einen Ast von Valeska und auf mich rieselte der weiße Schnee herab. Er kitzelte meine Schwingen und ich schaute fasziniert zu, wie die Kristalle auf meinen Flügeln schmolzen. Es war ein tolles Gefühl. Mir liefen Tränen über die Wangen und tropften als kleine Eiskristalle zur Erde. Es waren Freudentränen, die ich einfach nicht zurückhalten konnte." Malu wischte sich über die Augen, denn selbst jetzt rollten sie ihm herab, bei den Erinnerungen. „Dann hörte ich euch. Ihr lachtet und gluckstet, es scholl durch den ganzen Wald. Wart ihr auch in meinen Traum?, fragte ich mich. Voller Vorfreude flatterte ich euren lachenden Stimmen entgegen und fand euch auf der großen Wiese am Waldrand. Doch egal, wie oft ich rief und um euch rumflog, ihr habt mich nicht gesehen. Da wusste ich, dass nur meine Seele hier war. Mein Körper hing beschützt und warm in der Höhle. Es war die Magie, die mich trug, die mir diesen Traum schenkte. Erst war ich etwas traurig, dass ihr mich nicht sehen konntet, doch ich konnte euch sehen und das war sooooo toll."

Saira, das Eichhörnchen, lachte. „Malu, jetzt weiß ich, wer uns an diesem Tag geärgert hat. Magie ist so kraftvoll. Wir dachten, es wäre ein Geist unter uns. Doch du warst es. Du warst bei uns."

Zacharias hob den Kopf. „Malu ist immer bei uns, deswegen spüren wir ihn überall, denn er ist in unserem Herzen."

„Ja, ich war es. Mal ehrlich, ihr habt eine Schneefledermaus gebaut, mit den Kindern des Dorfes und sie sah mir wirklich nicht ähnlich. Was sollte der lange Schwanz und diese Elefantenohren? Erst bekam ich einen Lachkrampf doch dann dachte ich so bei mir: Erinnern sie sich nicht daran, wie ich aussehe? Deshalb bin ich darüber gefegt, sodass diese Ohren abfielen. Eure Gesichter waren wirklich zu komisch."

Sophia schmunzelte. „Die Kinder wollten keine Schneemänner bauen, wie es üblich war im Winter. Also versuchten sie eine Fledermaus aus Schnee zu bauen. Der erste Versuch war wirklich lächerlich. Doch der zweite war mega toll. Ich hoffe, den hast du auch gesehen."

„Klar und ich war voll gerührt. Ich, Malu, die kleine Fledermaus, mitten auf der großen Wiese, aus lauter kleinen Schneekristallen zusammengesetzt. Es war wundervoll. Ich spürte euch in meinem Herzen und ich war sehr glücklich. Es war mein Traum, einmal bei euch sein zu können. Diese Glitzerwunderwelt zu erleben, die ihr Winter nennt. Ich sah in euren Bemühungen, dass ich bei euch war, in euren Gedanken. Ich war nicht vergessen. Es war das Gefühl des vollkommenen Glücks.“ Malu freute sich und atmete tief durch. „Gerne wäre ich ewig in diesem Traum geblieben. Es war so eine faszinierende Wunderwelt. Dieses Glitzern der Schneeflocken, diese Stille, die auf der Natur lag und sie warm einhüllte. Der Schnee war kalt und doch brachte er Wärme in mein Herz. **Kennt ihr dieses Gefühl, dieses Gefühl, das einen weinen und lachen zugleich lässt? Es war so befreiend, ich kann es nicht in Worte fassen. Sicher hat jeder schon einmal dieses Gefühl in sich aufsteigen gespürt. Doch wisst ihr, was die Kunst daran ist? Es auch zuzulassen, dass es ausbricht.** Dieses Gefühl, das uns die tiefste Freude und Magie erleben lässt. Dieses Gefühl ist in jeden von uns, nur lassen wir es zu selten an die Oberfläche. Warum eigentlich? Warum nehmen wir uns die Freude, unsere tiefsten Gefühle zu zeigen. Jauchzend und Lachend durchs Leben zu gehen. Glaubt mir, als mein Traum in mir Wirklichkeit wurde, gab ich dem Drang nach und lachte lauthals los. Das Gefühl war so groß, dass ich im Tiefschlaf laut raus jauchzte.“

Sophia lächelte Malu an. „Träume sind Magie der Seele. In Träumen erfüllen sich unsere größten Wünsche. Du bist immer bei uns, auch während der Zeit des Winterschlafs.“

Alle pflichteten sie Sophia bei. Zacharias sah in die Runde. „Oh meine Freunde, soll ich euch eine Geschichte erzählen? Einen Traum, den ich einmal hatte. Es war ein unvergleichliches Gefühl.“ Zacharias klopfte sich auf die Schenkel und lachte lauthals los. Erst stutzten alle, dann ließen sie sich anstecken und stimmten in sein Lachen ein. Es klang noch lange in die Nacht hinein. Lachen, das voller Gefühl und Magie war und aus dem Herzen kam.

„Jeder, der sich die Fähigkeit erhält,
Schönes zu erkennen, wird NIE alt werden.“
Franz Kafka

Der Sinn des Lebens

„Huiiiii." Mirko schwang sich mit seinem Faden vom Fels zum kleinen Busch, der auf dem Vorsprung stand. „Huiii." schon ging es wieder zurück. Malu saß auf dem Vorsprung und beobachtete fasziniert Mirko.

„Sag mal, Mirko, warum rufst du immer Huiiii?"

Mirko erschrak und drehte sich um. „Oh, Malu, guten Abend. Ach, das hat keinen besonderen Sinn. Es macht einfach Spaß, durch die Luft zu schwingen und einen Faden zu spannen. Schau, wie schön mein Netz wächst."

„Bis jetzt sehe ich nur eine Menge Fäden, die kreuz und quer gespannt sind."

„Hab mal etwas Geduld, pass auf, gleich ist es fertig." Mirko hüpfte nun von einem Faden zum anderen. Immer von innen nach außen und nun sah man langsam das Netz entstehen. Er war flink und in kürzester Zeit, völlig außer Atem, krabbelte er zu Malu und bestaunte sein Kunstwerk. „Na, was sagst du nun? Ist es nicht perfekt?"

„Wow, das ist echt Klasse und wie schnell du es gewebt hast. Faszinierend, dass du das so kannst."

„Tja, das liegt in meiner Natur. Ich muss das so perfekt hinbekommen, es sichert mein Überleben. Naja, für mich ist jedes Netz einzigartig. Die Abstände müssen passen und die Haltbarkeit muss gesichert sein. Auch muss ich mir vorher Gedanken machen, wo ich mein Netz spanne. Es muss eine Lichtquelle in der Nähe sein, ein Lichteinfall, dass es meine Nahrung anlockt. Dann muss ich abwägen, ob es genug geschützt ist, falls Wind und Regen kommt. Auch darf es nicht zu ersichtlich sein. Etwas versteckt und doch offensichtlich. Es geht nicht darum, einfach ein Netz zu spannen. Es steckt eine Menge Sinn dahinter."

Malu schaute grübelnd Mirko an. „Von der Seite habe ich es noch nicht gesehen. Jedoch hast du Recht. Einfach ein Netz zu spannen wäre sinnlos, wenn es nicht seinen Zweck erfüllt. Du hast mir wieder einen Grund zum Nachdenken gegeben. Ich werde mal rausfliegen und sehen, was so los ist. Bewache du dein Netz und eine erfolgreiche Jagd."

Malu flatterte auf und winkte Mirko noch einmal zu. Muss wirklich alles einen Sinn und Zweck ergeben?, fragte er sich in Gedanken.

Lautlos schwebte Sophia neben ihn. „Malu, was bist du heute so in Gedanken versunken? Du hast mich gar nicht kommen sehen."

„Oh Sophia, sag mal, muss alles einen Sinn und Zweck ergeben im Leben?"

„Mmh, gute Frage. Ich denke, es kommt darauf an, was es ist. Wie kommst du darauf?"

„Ach, Mirko spannte gerade ein Netz und er erzählte mir, dass eine Menge Sinn dahintersteckt. Warum kann er es nicht einfach aus Spaß an der Freude machen? Dass er so etwas kann, ist doch schon supercool."

„Naja, Mirko muss Netze spannen, damit er überlebt. Es ist seine Art, Nahrung zu fangen. Das ist der Sinn und Zweck des Netzes."

„Dann ist sein Sinn im Leben, Netze zu spannen? Das ist doch voll langweilig und unbefriedigend. Er tut mir richtig Leid."

„Nein, Malu, es ist etwas, das er tun muss, um zu überleben. Der wirkliche Sinn des Lebens ist etwas viel größeres.

Komm, lass uns zum alten Georg fliegen, er weiß bestimmt, was der wirkliche Sinn des Lebens ist."

Beide flogen sie durch den Wald zur Dorfsiedlung. Wie meist am späten Abend saß Georg noch auf seiner Terrasse und beobachtete die Sterne. Sie ließen sich auf der Brüstung nieder.

„Oh Besuch ... Schön, dass ihr vorbeikommt. Sicher nicht ohne Grund, wie ich mir denken kann." Georg lachte die beiden an.

Malu dappelte mit hängenden Schwingen hin und her. „Was ist der Sinn und Zweck des Lebens?"

Sehr lange schwieg Georg. „Das … ist eine sehr schwere Frage. Nimm eine Ameise, tagein und tagaus läuft sie in der Ameisenstraße hin und her. Kann das der Sinn im Leben sein? Nein, auf keinen Fall. Auch ist es nicht der Sinn des Lebens, dass wir Menschen jeden Tag arbeiten gehen und gestresst nach Hause kommen. Doch genau wie die Ameise müssen wir es tun. Denn es sichert uns das Überleben."

Malu grummelte: „Boah, das ist wieder alles viel zu kompliziert. Kann nicht mal etwas einfach sein? Eine direkte Antwort auf eine Frage. Wenn ich frage, was ist der Sinn und Zweck des Lebens, warum gibt es nicht eine direkte verständliche Antwort darauf?"

„Die kann ich dir auch geben. Doch wird sie nur neue Fragen aufwerfen."

„Dann gib mir doch die Antwort und ich entscheide, ob ich mich damit zufriedengeben kann."

Georg und Sophia lächelten einander an. „Also gut, Malu, hier ist deine Antwort. Der Sinn unseres Lebens besteht darin, dass wir das tun, was uns wirklich wichtig ist."

„Na toll, coole Antwort. Was ist wichtig im Leben und wie finde ich dahin, dass mein Leben einen Sinn ergibt?“

„Siehst du, da kommen schon die nächsten Fragen.“

Es raschelte unterhalb der Veranda und ein Kaninchen hoppelte herbei. „Hallo, darf ich mich vorstellen, ich bin Alexander und ich habe eure Unterhaltung verfolgt. Sehr interessante Fragen. Fragen, die sich sicher jeder einmal im Laufe seines Lebens stellt. Doch die Frage nach dem Sinn und Zweck des Lebens sehe ich nicht als so wichtig an, eher die Frage: Was ist wichtig im Leben? Was macht das Leben aus? Denn wenn man darauf die Antwort findet, hat man den Sinn des Lebens auch gefunden.“

Malu schaute Alexander an. „Fragen über Fragen. Das ganze Leben besteht aus Fragen, auf die wir Antworten finden müssen. Da ist unser Leben schon fast rum und noch nicht mal die Hälfte ist beantwortet.“

Georg schmunzelte. „Es ist doch so, dass wir uns viel zu viele Fragen stellen. Das Schlimme ist noch daran, dass wir auf alles eine zufriedenstellende Antwort haben möchten. Muss das wirklich sein? Brauchen wir wirklich Antworten?“

„Was nützen Fragen ohne Antworten?“ Alexander hoppelte näher. „Die Frage ist doch, warum stellen wir uns laufend Fragen?“

„Was für ein Durcheinander. Kann nicht mal etwas einfach sein.“ Malu schüttelte seinen Kopf. „Wer hat eigentlich Fragen erfunden? So eine doofe Sache. Wenn es nur Antworten gäbe wäre das Leben schon sinnvoller.“

„Ha, das denkst du. Denn selbst die Antwort würde man noch in Frage stellen. Was ist dir wichtig im Leben, Malu?“

„Mmh, also mir sind meine Freunde sehr wichtig. Dann ist es mir wichtig, dass der Mensch mit meiner Heimat, der Natur, liebevoll umgeht. Mir ist wichtig, dass man mich schätzt und respektiert, so, wie ich bin. Mir ist wichtig, dass ich glücklich und gesund bin." Malu schaute fragend in die Runde und Georg sah ihn an. „Siehst du, da hast du deine Antwort. Du kennst sie und bräuchtest eigentlich nicht zu fragen. Ein bisschen in sich gehen und sein Inneres sprechen lassen und schon erübrigen sich die Fragen, denn die Antworten stecken in uns."

„Der Sinn des Lebens ist der Glaube an uns selbst", sagte Sophia. „Wenn du dich selbst liebst und kennst, deine Wünsche und Gedanken offen lebst und dich nicht in etwas pressen lässt, das du nicht bist – dann hast du ein sinnvolles Leben. Denn es ist dein Leben, das du erlebst. Akzeptiere andere, wie sie sind, denn auch du möchtest in deiner Echtheit akzeptiert werden. **Der Sinn des Lebens besteht nicht, darin Fragen zu stellen und Antworten zu erwarten – nein – der Sinn des Lebens bist du, dein Wesen, dein Inneres, dein Herz, das dich das Leben erleben lässt**. Jeder muss einen Zweck erfüllen, um zu überleben, doch um das Leben zu erleben, bedarf es nicht mehr, als das, was in dir steckt." Sophia blickte Malu an. „Hast du es Verstanden?"

„Ja ich denke schon. **Der Sinn des Lebens ist, sein Leben zu erleben und nicht nur zu leben**. Mirko webt seine Netze, weil das sein Überleben sichert, doch er erfreut sich auch an dem Glitzern der Netze, wenn der Tau darauf liegt. Er ist ein toller Freund und Kumpel für uns und er ist immer für uns da. Der Mensch geht arbeiten, um zu überleben, doch sein Sinn im Leben sind die glücklichen Augenblicke, die er sich schafft. Die Freuden und Ziele die er erlebt. Der Glaube an sich selbst.“

„Genau, Malu. Man sollte sich nicht zu viele Fragen im Leben stellen, denn dies nimmt viel Zeit von der Lebensuhr weg. Besser ist es, sich seiner Aufgabe zu stellen, sein Leben zu etwas Besonderen zu machen und das jeden Augenblick.“

Alexander lachte freudig auf. „Fragen sind oftmals unnütz, einfach das Leben erleben und nicht alles auf die Goldwaage legen. Nicht alles, was man tut, hinterfragen und eine Antwort erwarten. Man kann es auch einfach ausprobieren und wenn es falsch war, wechselt man eben die Richtung und macht es richtig. Das sind die Erfahrungen, die unser Leben noch mal intensiver machen. Es muss nicht alles einen Sinn ergeben im Leben, wichtig ist, dass du dich gut dabei fühlst.“

Malu wedelte mit seinen Schwingen und lachte lautlos heraus. „Das stimmt so was von … jedoch gut, dass wir darüber geredet haben. Ich liebe das Leben – so wie ich es erlebe. Mein Leben hat so viel Sinn, weil ich ich bin.“ Er flatterte auf und lachte in den Nachthimmel. „Hey ihr Sterne, ich lebe, ist das nicht schön?“

Du bist nicht allein…

„Lass die Sonne in dein Herz. Schick‘ die Sehnsucht himmelwärts. Gib dem Traum ein bisschen Freiheit. Lass die Sonne in dein Herz. Manchmal bist du traurig und weißt nicht warum. Tausend kleine Kleinigkeiten machen dich ganz stumm. Du hast fast vergessen, wie das ist, ein Mensch zu sein. Doch du bist nicht allein.....Lass die Sonne in dein Herz…“[1]

Laut scholl das Lied durch den Wald als Malu aus seiner Höhle flatterte. Er horchte auf und flog der Stimme entgegen. Sophia erschien neben ihm und lauschte auch den Klängen. „Malu, wer mag das wohl sein. Es ist ein schönes Lied. Komm, wir schauen mal, wo es herkommt.“

Beide flogen sie durch den Wald. Die Sonne war schon versunken und der Mond erstrahlte in seiner Schönheit und spendete Licht. Auf der großen Wiese vor dem Dorf sahen sie die Dorfbewohner sitzen. Sie hatten Fackeln aufgestellt und sie erschienen sehr fröhlich. Sie sangen zusammen. Malu flatterte aufgeregt hinzu und sah sich um. „Schau mal, Sophia, da vorne sind die Kinder und Georg. Komm, lass uns zu ihnen fliegen.“

„Huhu, was macht ihr hier und was ist das für ein tolles Lied?“

Lachend schaute Georg auf. „Guten Abend, Malu. Hallo Sophia. Wir singen und freuen uns.“

Malu stutzte. „Warum das? Einfach so?“

Jala in ihren Rollstuhl drehte sich zu Malu um. „Ach, Malu, das war eine tolle Idee. Aufgrund des Virus sind ja

---

[1] Songtext der Gruppe Wind

so viele Menschen traurig und so haben wir uns gedacht, wir laden alle ein, auf der großen Wiese mit uns zu singen. Hier können wir Abstand halten, denn es ist genug Platz und singen macht glücklich, hat Klara gesagt."

Klara stand neben Jala und lachte. „Ja, denn ich kann zwar nicht sehen, jedoch hören und Lieder haben oftmals wunderschöne Texte."

Sophia landete auf Jalas Stuhl und schaute sich um. „Wer ist das da vorne? Der Junge. Ich kenne ihn noch nicht."

„Hey, Kilian, komm mal her."

Der Junge drehte sich um und humpelte herbei. „Darf ich vorstellen, dies sind Malu und Sophia, von denen ich dir schon erzählt habe." Mit offenem Mund starrte Kilian die Eule und die Fledermaus an. „Wow, das gibt es doch nicht, und ich dachte, du erzählst mir ein Märchen."

Malu grinste. „Uns gibt es wirklich und wenn ich die Geräusche richtig bewerte, kommen gerade auch noch mehr unserer Freunde an. Vorsicht, geh beiseite, sonst wirst du umgerannt."

Wisal, der Waschbär, flitzte herbei und bremste vor ihnen ab, seinen Teddy im Schlepptau. „Hey, was ist hier los? Wer bist du und warum singen sie alle hier?"

„Wisal, langsam, komm erst mal zu Atem." Jala schmunzelte. „Also nochmal, das ist Kilian. Er ist in meiner Gruppe in der Schule."

Wisal hopste zu Kilian und schaute ihn an. „Warum hast du zwei Stöcke. Bist du auch blind, wie Klara?"

Kilian schaute zu Boden und staunte. „Ein Waschbär, es wird immer verrückter. Nein, ich bin nicht blind. Jedoch habe ich mir das Bein gebrochen und damit ich nicht stolpere, habe ich diese Gehhilfen bei mir."

„Wow zeig mal." Kilian nahm die eine Gehhilfe mit in die andere Hand und zog sein Hosenbein hoch. Wisal schaute erstaunt das Gestell an, das unter der Hose zum Vorschein kam. „Wow, wow, wow, du bist ein Roboter. Hast du ein Herz und Gefühle?"

Moja, die hinzutrat, schmunzelte. „Wisal, er ist kein Roboter, sondern ein Mensch, nur dass er eine Stütze für sein gebrochenes Bein hat, und hier hat die Technik geholfen."

Wisal schaute erschrocken. „Wow, musst du das jetzt immer tragen?"

Malu verdrehte die Augen. „Das heilt wieder."

Kilian schüttelte seinen Kopf. „Klar heilt es wieder, es braucht eben seine Zeit."

Wisal staunte mit großen Augen, dann drehte er sich um, überlegte kurz, legte seinen Teddy zu Jala auf den Schoß und rannte los. Im Wegrennen drehte er sich kurz um und rief: „Bin gleich wieder da."

Alle schauten sie verwundert Wisal nach. „Was er jetzt wohl wieder vor hat?" Sophia schüttelte ihren Kopf. „Hört mal?" Malu lauschte der Strophe, die gerade gesungen wurde. *„Manchmal in den Nächten, macht der Zorn dich blind und Gefühle sterben, wie Kerzenlicht im Wind und dein Mut vergeht dir, denn die Angst dringt in dich ein. Doch du bist nicht allein ..."*

„Wir sind nicht allein. Das stimmt. Doch bis wir das erkennen, vergeht immer einige Zeit. Mir ging es so, als ich im Krankenhaus lag. Gerade die Nächte waren schlimm und ich hatte wirklich viel Angst. Die Dunkelheit machte mich zornig. Denn ich konnte nicht verstehen, dass mir das passieren musste." Kilian schaute in den Sternenhimmel. „Doch die Nacht ist gar nicht dunkel. Das hat mir Jala erklärt. Sie erzählte mir immer von euch Tieren im Wald. Von dir, Malu. Ich dachte mir damals, naja, es ist sicher gut, wieder an Märchen zu glauben, doch jetzt stehe ich hier und sehe dich. Träume ich oder ist das real? Es ist verrückt und doch bin ich im Augenblick froh, hier zu sein. Egal, ob Traum oder Wirklichkeit, es ist einfach schön."

Der Refrain wurde wieder gesungen und alle stimmten mit ein. *„Lass die Sonne in dein Herz. Schick' die Sehnsucht himmelwärts. Gib dem Traum ein bisschen Freiheit. Lass die Sonne in dein Herz."*

Von Weitem sah man Wisal wieder herbei hopsen. „Schaut mal wen ich mitgebraucht habe." Von Wisals Rücken purzelte Claudio, der Feuersalamander. „Hallo, Wisal hat mich geholt. Er sagte, ich muss dringend mitkommen."

Claudio schaute alle an. Georg, der die ganze Zeit danebenstand, bückte sich und ließ Claudio auf seinen Arm klettern. „Schön, dass du hier bist. Darf ich dich erst einmal vorstellen? Also, hier sitzt Jala in ihren Rollstuhl. Sie kann nicht gehen. Das hier ist Klara, sie kann nicht sehen, und hier haben wir Kilian, er hat sich das Bein gebrochen. So, und dieser kleine Kerl ist Claudio, ein Feuersalamander. Er hat einen steifen Rücken zurückbehalten, als ihn eine Seuche traf." Georg drehte sich zu Klara, nahm ihre Hand und legte sie vorsichtig auf Claudios Rücken, damit sie ihn fühlen konnte. Claudio lauschte. „Was wird hier gesungen? Es klingt sehr fröhlich."

Malu lachte. „Es ist ein so tolles Lied. Lass die Sonne in dein Herz … wir sollten vielleicht singen, lass die Sterne in dein Herz. Doch es ist so toll und macht so ein glückliches Gefühl."

Jala kicherte. „Schaut euch mal hier um. Wir sind schon so eine Gruppe. Nicht perfekt, jedoch fröhlich.“

„Hört mal.“ Malu lauschte wieder der nächsten Strophe. *„Du musst an dich glauben. Mitleid brauchst du keins und du musst dein Leben lieben, denn du hast nur eins. Niemals mehr im Schatten stehen, geh‘ ins Licht hinein. Du bist nicht allein.“*

Sophia lächelte alle an. „Ihr hier seid die wirklich Starken im Leben. Ihr braucht euch nicht zu verstecken. Denn wichtig ist nur, dass ihr an euch glaubt. Euch so annehmt, mit eurem Handicap. Lasst es nicht zu, dass ihr euch davon beeinflussen lasst. Wichtig ist das Herz, das in euch schlägt. Ja, lasst die Sonne oder auch die Sterne in euer Herz. Ihr seid so wertvoll und vor allem so stark, dass sich manch ein anderer ein Beispiel an euch nehmen sollte. Viele jammern über Dinge, die gar nicht wichtig sind. Ihr, die Grund zum Jammern habt, steht hier und lacht und seid fröhlich. Zeigt es allen, was wirklich wichtig im Leben ist.“

Wisal schaute alle ernst an. „Wie Sophia immer sagt: Es kommt auf die inneren Werte an, nicht auf das Äußere. Egal, ob man dick oder dünn ist. Ob man ein Handicap hat oder von einem anderen Land kommt. Jeder verdient eine Chance, dass man ihn so annimmt, wie er ist. Claudio weiß das sehr gut.“

Claudio schmunzelte. „Ja. dank Malu habe ich den Wert des Lebens wieder kennengelernt. Ich hatte mich schon aufgegeben und nun gehöre ich dazu.“

Malu wischte mit seinen Schwingen über die Augen. „Ach, Claudio, ich sage nur, du bist nicht allein …“

Alle lachten und stimmten in den Refrain des Liedes ein. *„Lass die Sonne in Dein Herz. Schick' die Sehnsucht himmelwärts. Gib dem Traum ein bisschen Freiheit. Lass die Sonne in dein Herz."*

Langsam wurden auch die anderen Dorfbewohner auf die kleine Gruppe aufmerksam und sie traten hinzu. Mit ihren Fackeln kamen sie näher und stellten sich um die Gruppe. Sie sahen lachende Gesichter, die aus vollen Hals sangen. Sie sahen eine kleine Fledermaus und eine Eule. Sie erblickten den Waschbär mit seinem Teddy und sahen alle in den Himmel. Dort leuchteten die Sterne wie Diamanten. Der Mond zeigte sein lachendes Gesicht und hüllte alle in seine Magie ein. Plötzlich hörte man ganz leise eine Mundharmonika einstimmen. Der Kreis öffnete sich und Lynn trat mit Zacharias am Arm in den Kreis zu den Freunden. Zacharias hatte seine Mundharmonika am Mund und stimmte in das Lied ein. Man hörte kurzes Schniefen und Seufzen, dann lachende Gesichter, als alle einstimmten und voller Kraft mitsangen. Auch wenn der Refrain etwas umgestaltet wurde: *„Lass die Fledermaus in dein Herz. Schick' die Sehnsucht himmelwärts. Gib dem Traum ein bisschen Freiheit. Lass Maluuu in dein Herz. Manchmal bist du traurig und weißt nicht warum. Tausend kleine Kleinigkeiten machen dich ganz stumm. Du hast fast vergessen, wie das ist am Leben zu sein. Doch, du bist nicht allein..."*

Malu flatterte auf und schwirrte um die Menschen. Von oben kam ein großer Adler angeflogen und der Windsog seiner riesigen Schwingen ließ die Fackeln verlöschen. Malu lachte Abaya entgegen und schon kamen viele kleine funkelnde Glühwürmchen und übernahmen das Licht der Fackeln und stimmten in das Lied ein. Ja so ist es …

„Du bist nicht allein.“

Sehnsucht

„Ach, was gäbe ich dafür, einmal in den vollen Strahlen der Sonne zu flattern." Malu baumelte an seinem Fels hin und her und seufzte.

Mirko seilte sich vor seiner Nase ab. „Malu, hast du eine Krise oder was ist los?"

„Ach, nur so. Es wäre doch toll, wenn ich als schwarzer Schatten im Sonnenlicht fliegen würde."

Mirko grummelte: „Weißt du, was, lass uns doch heute Nacht zur Lichtung flattern. Sophia kann mich mitnehmen und wir schauen, was so los ist. Sicher sind einige unserer Freunde dort."

„Na gut, ich sage Sophia bescheid, dass sie dich abholt, und wir treffen uns dort."

Malu ließ den Fels los und schwirrte geschwind nach draußen. Die Sonne verschwand gerade am Horizont. Sehnsüchtig schaute er die letzten Farbregungen an, bevor er sich in den Wald begab. Im Vorbeihuschen an der großen Eiche winkte er kurz Sophia zu und schickte sie zu Mirko, dann machte er sich auf den Weg zur Lichtung im Wald. Dort war meist was los, bei Nacht. Schon von weitem konnte er Themba, den Wolf, mit seinem Rudel erkennen. „Sei gegrüßt, du großer, böser Wolf." Er ließ sich vor Themba auf einem umgefallenen Baum nieder.

„Ach, Malu ... Was heißt hier großer böser Wolf? Ich bin doch nicht böse?"

„Nein, das war einfach nur so dahingesagt. Ich mag dich und deine Familie ganz gerne."

Es schwirrte in der Luft und Sophia flog heran, im Schlepptau Lisa, den Falken, und Imanie, den Bussard.

„Schaut mal, wen ich noch mitgebracht habe. Oh, und da kommt schon Wisal angehüpft mit Paul und Jack im Schlepptau."

Malu schaute in die Runde und seufzte tief auf. „Na toll, können nicht ein paar Nachtfalter kommen, damit ich mich nicht so alleine fühle."

Imani stutzte. „Alleine, wieso alleine, wir sind doch alle da. Du bist nicht alleine."

Malu schaute genervt. „Schaut euch doch um, hier sind nur Tiere, die am ganzen Tag und auch in der Nacht aktiv sind, bis auf mich. Ihr alle kennt die Strahlen der Sonne und ich … ich kenne nur die Nacht."

Sophia schmunzelte. „Naja ich bin auch mehr in der Nacht aktiv. Doch du hast Recht, wir alle können zu beiden Tageszeiten rausgehen, obwohl wir uns in der Dämmerung und der Nacht sicherer fühlen."

Paul, das Eichhörnchen, sah seinen Kumpel Jack an. „Mir ist es eigentlich egal, wann ich rausgehe. Hauptsache, ich bin nicht in Gefahr."

Themba schaute Malu ernst an. „Warum machst du dir darüber Gedanken? Die Nacht ist doch die wundervollste Zeit. Sie ist sicherer für uns Tiere und sie birgt so viele Schönheiten."

„Menno, ihr versteht es nicht. Ich würde auch gerne mal unter dem Sonnenlicht hindurch flattern. Doch das ist zu heiß für mich und liegt nicht in meinem Wesen."

Lisa stupste mit ihrem Flügel Mirko an, der noch auf Sophias Gefieder hing. „Also, ich sehe hier kein Problem. Wozu hat man Freunde. Was meinst du; Mirko? Lass uns Malus Wunsch erfüllen."

„Mmh, ja, Lisa, du hast Recht, wozu sind wir Freunde? Malu, wir zeigen dir die Sonne."

Malu schaute ganz irritiert. „Wie wollt ihr das denn machen?"

Imanie lachte los. „Na klar, wir teilen unsere Erinnerungen mit dir und lassen dich daran teilhaben, wie es ist, unter der Sonne zu fliegen."

„Erinnerungen sind aber keine Tatsachen."

„Malu, krabbel mal zu Themba und mach es dir gemütlich. So, und dann entspannst du dich, schließt die Augen und hörst unseren Geschichten zu."

Malu ließ sich neben Themba im Gras nieder und lehnte sich an ihn. Dann schloss er die Augen und lauschte auf das, was kommen mochte. Sophia räusperte sich. „Ich erinnere mich an einen dieser wundervollen Tage. Ich ging früh auf die Jagd. Die ersten Strahlen der Sonne verdrängten gerade den Mond. Es war ein faszinierendes Schauspiel. Ich suchte mir einen schattigen Platz und beobachtete, wie die Nacht zum Tag wurde. Die Sonne stieg immer höher und ließ kraftvoll ihre Wärme auf die Erde nieder. Blumen entfalteten ihre Kelche und reckten sich ihr entgegen. Tagtiere kamen hervor und auch Menschen machten sich daran, ihrem Tagessoll nachzugehen. Ich sah das Glitzern der Sonne und das Flimmern in der Luft, das ihre Hitze hinterließ. Es war schön, doch auch sehr laut und unruhig. Überall waren Geräusche, die ich so nicht kannte. Ich sah in die Sonne und dachte so bei mir: Wenn du den ganzen Tag diesen Lärm ertragen musst, verstehe ich, dass du deinen Platz am Abend gerne dem Mond überlässt. Ich zog mich zurück, tiefer in den schattigen Wald. Es war eine Erfahrung, die mich faszinierte, jedoch auch lehrte, dass die Nacht die schönere Tageszeit ist."

Paul seufzte tief auf. „Wir Eichhörnchen sind den ganzen Tag unterwegs und auch wir finden, dass der Tag sehr laut ist. Er ist voll mit Lärm und die Sonne hat sehr viel Kraft und kann erbarmungslos heiß sein. Klar hat die Sonne etwas eigenes Außergewöhnliches an sich, doch auch wir lieben die Morgen- und Abendstunden am liebsten."

Imani dehnte seine großen Schwingen. „Es ist sehr schön, unter den Sonnenstrahlen durch die Luft zu segeln. Ich liebe es am Himmel, wenn die Wärme der Strahlen auf mein Gefieder trifft. Jedoch muss ich euch Recht geben. Der Tag ist sehr laut und unruhig. Immer hektisch und irgendwie stressig. Das macht die Sonne auch nicht wieder wett."

Themba schaute Malu an, der friedlich vor ihm lag. „Ich bin überwiegend nachtaktiv und ich meide den Tag. Klar kommt es schon einmal vor, dass ich am Tag auf das freie Feld gehe, doch habe ich den gefahrlosen Schatten lieber. Faszinierend ist das Sonnenlicht sicher, doch viel schöner ist die Nacht. Denn sie ist voller Stille und diese hat sanfte Töne und das Mondlicht ist kühl und magisch und voller Energie. Wisal kuschelte mit seinem Teddy und schüttelte den Kopf. „Warum hat Malu Sehnsucht nach der Sonne, wenn er hier doch alles hat, was er braucht? Malu, mach die Augen auf und schau mal über uns. Wir sind von Sternen umzingelt, der Mond lacht auf uns herunter und wir sind umgeben von Freunden, die uns so mögen, wie wir sind. Horch mal in die Stille der Nacht, hörst du das Wispern? Es ist die Magie der Freundschaft. Du brauchst keine Sehnsucht nach der Sonne, auch nicht unsere Erinnerungen daran. Denn du besitzt etwas viel Wertvolleres im Leben, nämlich uns."

Alle schauten sie gerührt Wisal an. Malu schluckte und schlich langsam auf Wisal zu. „Wisal, du hast mir die Augen geöffnet. **Oftmals greifen wir nach den Sternen und nach Dingen, die wir nicht haben können, und vergessen dabei, wie gut es uns doch wirklich geht.** Ja, ich brauche das Gefühl nicht, unter der Sonne zu fliegen, denn ich habe etwas viel Wertvolleres und das seid ihr, meine Freunde, und die atemberaubende Nacht." Malu streckte seine Schwingen in den Himmel und lachte. „Wow, Erkenntnis zu erlangen, dass man doch alles hat, um glücklich zu sein, wenn man nur mal vor sich schaut und nicht nach Illusionen greift, das gibt einem Freude im Herzen."

„Genau, Malu", sagte Sophia. „Nimm dein Leben so an, wie es ist, und schau dir die Schönheiten darin an– denn sie sind dein Leben."

Noch lange waren die Freunde gemeinsam auf der Lichtung im Wald und ließen ihre Seele baumeln und erfreuten sich daran, an der wundervollen Nacht und ihrer Gemeinschaft.

Mein Stern am Firmament

Die Magie der Nacht fing an sich zu entfalten, als die Dunkelheit die letzten Strahlen der Sonne verdrängte. Malu hing im Schutze des Höhleneingangs und bewunderte das Schauspiel. Er sah, wie die Sonne versank und der Mond erschien. Fasziniert schaute er zu, als nach und nach immer mehr Sterne den dunklen Himmel erleuchteten. Kleine Lichtpunkte, wie Kerzen angezündet, erhellten die Nacht. Er kannte sie alle, jeden einzelnen Lichtfunkel. Plötzlich blinzelte er, und da sah er ihn, einen neuen Stern am Firmament. Er leuchtete besonders hell und strahlte Liebe aus. Lächelnd schaute er den Stern, der noch leicht flackerte, an und sprach: „Sei Willkommen, kleine Seele. Dein Platz ist nun hier, in diesem wunderschönen Horizont. Leuchte des Nachts auf deine Lieben herab und erhelle ihr Leben."

Malu entfaltete seine Schwingen und flatterte unter dem leuchtenden Sternenzelt hinweg in den Wald. Immer mit einem Blick auf den kleinen flackernden Stern. An der großen Eiche machte er bei Sophia halt und hier fand er auch Mirko, der Sophia Gesellschaft leistete. Sophia sah ihm entgegen, dann in den Himmel. „Malu, ein neuer Stern, doch er flackert und blinkt. Ich habe Angst, dass er fällt. Er sitzt nicht fest am Horizont."

Mirko schaute gebannt nach oben. „Lass ihm Zeit. Lass uns seine zweite Hälfte der Seele suchen, damit er Frieden findet."

Malu wirbelte herum und winkte den beiden zu. „Na dann kommt, machen wir uns auf den Weg. Helfen wir heute Nacht dem kleinen Stern, seinen Stand zu festigen."

Mirko krabbelte zu Sophia ins Gefieder und schon rauschten die drei Freunde los, tiefer in den Wald. „Schau, dort vorn, am kleinen Bach, da sitzt Morla."

Malu flog darauf zu und sie ließen sich nieder. Schweigend sahen sie Morla an. Sie war eine alte Freundin von ihnen. Auch wenn sie menschlich und flügellos war, so war sie eine tiefgründige Seele. Morla blickte einem nach den anderen ins Gesicht und mit einem Lächeln schaute sie zu dem kleinen flackernden Stern am Himmel empor. Tränen benetzten ihre Wangen, doch sie lächelte. Keiner störte die Magie des Augenblicks, alle schwiegen sie und beobachteten das flackernde Licht. Morla atmete tief durch. „Lasst ihm Zeit, seine Seele muss sich lösen und erst lernen, dass ein Abschied kein Verlust ist."

Malu dappelte zu Morla und legte ihr eine seiner Schwingen auf die Hand. „Kanntest du ihn?"

„Ja, Malu, ich kannte ihn. Er war meine andere Hälfte. Das Schwierigste im Leben ist, für immer Abschied zu nehmen, von einem Menschen, den man innig geliebt hat, der tagein und tagaus dein Leben geteilt hat. Schmerz, Trauer, Wut ... die Welt steht still. Es ist ein Erstarren und doch dreht sie sich weiter. Jeder trauert auf seine Weise, doch das Empfinden ist meist das Gleiche. Meinen Schatz gehen zu lassen, fiel mir leicht, denn für ihn war es eine Erlösung und seine Entscheidung, die ich voll und ganz respektierte. Wir haben oft darüber geredet, unsere Wünsche geäußert, was wäre wenn ...? Doch keiner hätte gedacht, dass die Zeit so schnell abgelaufen ist. Wir waren immer der Meinung, wir haben noch viel Zeit. 23 Jahre teilten wir Freud' und Leid und haben so manchen Kratzer abgekriegt, doch wir hielten immer zusammen und wir vertrauten aufeinander, dass jeder am Ende seinen Part übernimmt. Ich war bei Ihm, wie ich es versprochen hatte, und brachte seine Seele in den Himmel, doch es war der schwerste Gang in meinem Leben. Dies zu verarbeiten, ist nicht leicht und zu verstehen, dass er nicht wiederkommt, erst recht. Nun sehe ich ihn flackernd am Himmel, meinen kleinen Stern."

Sophia wischte sich eine Träne von den Wangen. „Morla, dies zu verarbeiten, ist schwer. Doch die Uhr des Lebens dreht sich weiter. Der Tod gehört zum Leben dazu."

„Wisst ihr, mir blutet mein Herz, meine Tränen sind unendlich und doch lächle ich, denn ich weiß, dass er da, wo er jetzt ist, nicht leidet."

Tief seufzte Malu auf. „Das hast du schön gesagt."

Mirko beobachtete den Stern, der nun leicht absackte und wieder zurückrutschte an seinen Platz. „Morla, was macht er da für Kapriolen?"

Morla sah den Stern an. „Hey, du, ich schaff das schon. Mach dir keine Sorgen. Du hast mir so viel gegeben im Leben. Viele schöne Augenblicke und wundervolle Stiefkinder. Es gibt so viele Erinnerungen, die in meinem Herzen wohnen. Du wurdest aus meinem Leben gerissen, unverhofft und ungeplant. Ich lebe mein Leben weiter, wie es dein Wunsch war, doch lass mir Zeit, Abschied zu nehmen."

Der Stern leuchtete hell auf und ein Lichtschein streifte Morla. Malu sah gebannt zu. „Er macht sich etwas Sorgen um dich."

Es funkelte plötzlich über dem Bach und in seiner ganzen Pracht erschien Anastasia, der Phönix. Die Dunkelheit wurde vom roten Feuerschein erhellt, der Anastasia magisch einhüllte. „Seid gegrüßt, meine Lieben, und erinnert euch an mich. Vor nicht all zu langer Zeit sagte ich es schon einmal. Hört in euch hinein: Wer etwas gewinnen will, muss etwas opfern, und wer geboren wird, wird auch sterben. Ich möchte euch die Angst vorm Sterben nehmen und auch die Angst vorm Nichts im Jenseits. Seid ihr erst mal mit mir durch's Feuer gegangen, geht ihr strahlender und kräftiger und fröhlicher hervor. Jeden Morgen, wenn die ersten Strahlen der Sonne mein Federkleid berühren, gehe ich in Flammen auf und es bleibt nur ein Häufchen Asche von mir übrig. Ich erwarte die ersten Sonnenstrahlen jeden Morgen mit Freude, obwohl ich weiß, dass sie mein Ende bringen. Würde ich mit Ängsten diese Zeit erwarten, hätte ich nicht gelebt. Dann, wenn meine Asche erkaltet ist, entstehe ich neu. Kraftvoller und Schöner entsteige ich der Erde. Denn meine Seele ist nicht verbrannt, weil die Magie in ihr ist. Es ist egal, wie kurz oder lang eine Lebensspanne ist, wichtig ist, dass man den Glauben daran nicht verliert, dass es ein Danach gibt, in welcher Form auch immer. Wir behalten die Erinnerung des von uns gegangenen in unseren Herzen und wir sollten uns mit Freuden daran erinnern, an die schönen Dinge, die wir mit denjenigen erlebt haben."

Morla sah Anastasia an. „Du magst Recht haben, doch was mich am meisten belastet, ist die Reaktion mancher Menschen auf meine Trauer. *Das Leben geht weiter*. Ein Satz, den ich im Augenblick nicht mehr hören kann. Warum? Weil ich ihn von allen Seiten zu hören bekomme. Ja, das Leben geht weiter, denn ich lebe. Es stimmt nicht, dass starke Menschen nicht leiden. Sie zerbrechen auch in 1000 Teile, nur sie machen keinen Krach dabei. Wer denkt,

Trauer braucht nur eine kurze Zeit, hat noch nie einen Teil seines Herzens verloren. Trauer ist ein tiefes Gefühl. Trauer beinhaltet so vieles: Einsamkeit, Erkenntnis, Erinnerung, Tränen, Wut, Angst, Verzweiflung jedoch auch Veränderungen. Verliert man einen geliebten Menschen, zwingt einen die Bürokratie die Trauer hinten anzustellen. Es gibt viel zu regeln und zu organisieren. Doch irgendwann kommt der Punkt, an dem es ruhiger und stiller in und um dich wird. Das ist der Moment, wo dich die Trauer, der Verlust, wie ein Orkan trifft. Die Erkenntnis tritt in den Vordergrund, dass dieser besondere Mensch, nicht mehr wiederkommt. Du beginnst damit, Veränderungen und Freiräume um dich herum zu schaffen. Du setzt dir Ziele und Träume. Versuchst dich abzulenken und in Neues hineinzustürzen. Du strotzt vor Kraft und Energie ... so scheint es nach außen. Ich nenne es ein neues Nest bauen. Doch dein Geist und dein Körper wissen es besser und bremsen dich aus. Denn diese zwei wissen, dass du dadurch den Verlust und den Schmerz nicht verdrängen kannst. Die Trauer anzunehmen ist sehr schwer, doch ich merke immer mehr, dass es ein wichtiger Prozess ist. Sich darauf einzulassen erfordert viel Mut, denn es heißt Schmerz und Tränen zuzulassen. Das Leben geht weiter, denn ich lebe. Doch sie sollen mir die Zeit lassen, die ich brauche zum Trauern, um mit neuer Energie mein weiteres Leben zu meistern. Ich weiß, dass da oben ein heller Stern nun jede Nacht für mich leuchtet, und er wollte, dass ich meinen Weg weitergehe. Doch das schwerste im Leben ist, für immer Abschied zu nehmen.“ Morla blickte ihren Stern an und lächelte. „Es war nicht immer leicht in unseren gemeinsamen Jahren, doch wir hatten eine sehr innige Liebe zueinander."

Anastasia streckte eine ihrer riesigen Feuerschwingen ins Firmament und stupste den kleinen Stern an. „Kleiner Stern, sie wird es schaffen. Sie war immer die starke Seite in eurem Leben. Mach dir keine Sorgen und leuchte mit Freuden auf sie herunter."

Der Stern leuchtete hell auf und Morla lachte. „Schaut, genau so war er, in einem Moment betrübt und im nächsten lächelte er wieder die Welt an. Ich werde ihn sehr vermissen, doch habe ich nun einen kleinen Stern, der jeden Abend meine Nacht erhellt und auf mich herab funkelt."

Malu zwinkerte Anastasia zu. „Wir beide stehen für die Wiedergeburt und Unendlichkeit. Lass uns mal in einer ruhigen Minute überlegen, wo wir diese Seele hineinschlüpfen lassen. Es muss etwas Besonderes sein. Was meinst du, Morla, wäre eine kleine Hummel vielleicht der perfekte Ort?"

Morla lachte schallend los. „Na toll, jetzt werde ich jede Hummel, die mir begegnet, nach Gemeinsamkeiten durchforsten. Wisst ihr, was das Komische daran ist. Als wir einmal darüber sprachen, sagte er zu mir: *Wenn ich wiedergeboren werde, dann bestimmt als Hummel.* "

Die Freunde fielen in ihr Lachen ein und alle beobachteten sie den Stern, der nun fest am Himmel verankert leuchtete. Er hatte seinen Platz gefunden zwischen all den anderen und doch stach er etwas heraus, denn er lächelte auf Morla herab. Noch lange saßen sie schweigend zusammen. Die Uhr des Lebens dreht sich weiter. Der Schmerz des Verlustes verblasst und hinterlässt die Freude der Erinnerung.

= Während dieses Buch entstand, verstarb unverhofft mein Mann. Er sagte immer: „Malu ist deine Seele." Ich habe diese kleine Geschichte in tiefster Trauer geschrieben und ich habe ihn gefunden, meinen kleinen Stern, der nun immer für mich leuchtet. =

„Denkt immer daran, wenn ihr durch die Natur geht: Schätzt jedes Pflänzchen und jedes Tier, mag es noch so klein sein. Man weiß nie, wessen Seele darin wohnt."

Geschenkte Zeit

Die hereinbrechende Dunkelheit brachte Ruhe mit. Es war Windstill, kein Blatt regte sich an den Bäumen. Die Temperaturen sanken, denn das Jahr neigte sich langsam dem Ende zu. Der Sommer war vergangen und der Herbst hielt Einzug. Im Mondlicht sah man, dass die Natur ihr farbenprächtigstes Kleid langsam anlegte. Es war der Beginn einer farbenfrohen Zeit, die ihre eigene Magie innehatte. Malu flatterte freudig durch den Wald und genoss die Stille der angehenden Nacht. Sophia begleitete ihn. Sie sprachen nicht, denn sie verstanden sich auch ohne Worte. Am Waldrand landeten sie auf einer großen Buche und schauten über die große Wiese, die vor ihnen lag. Sie trennte das Dorf vom Wald. Schweigend schauten sie in die mondhelle Nacht. Malu seufzte tief auf. „Sophia, schau, wie schön das alles ist. Einfach nur sein. Ohne Gedanken, ohne Stress, ohne Termine."

Sophia drehte ihren Kopf. „Genau, das ist es, was man ab und zu braucht, um seine Seele zu erfreuen. Einfach nur sein."

Sie schauten über die Wiese und sahen, dass sich etwas Großes näherte. Es hatte einen sehr schweren Gang und kam ganz gemächlich auf die beiden zu. Malus Augen wurden immer größer, je näher der Koloss herankam.

„Wow, ist ja verrückt. Ich glaube, ich träume. Ist das real, was ich sehe, oder entstammt es meiner Fantasie?"

Sophia schmunzelte. „Nein, Malu, er ist echt. Ich sehe ihn auch."

Beide starrten sie dem Wesen entgegen. Als es vor ihren Baum angekommen war, schaute es empor und brummte. „Guten Abend, ich bin Miran und auf der Durchreise."

„Tja, also, ich bin Malu und das neben mir ist Sophia. Sag mal, bist du wirklich ein Bär?"

Miran lachte brummend los. „Also, ja, ich bin ein Bär. Ich weiß, dass ich normalerweise hier nichts verloren habe. Doch genauso wie die Wölfe suche ich nach neuem Lebensraum. Ich möchte die Menschen nicht erschrecken, deshalb wandere ich bei Nacht und verstecke mich bei Tage. Hier werde ich nicht bleiben, doch ich reise gerne durch Gebiete und lerne neue Freunde kennen."

Malu kicherte. „Da hast du ja heute Erfolg, denn nun hast du uns kennengelernt. Es scheint auch so, als hättest du es nicht eilig."

„Eile, was ist das? Ich kenne keine Eile. Das Leben ist viel schöner, wenn man die Zeit richtig nutzt. Wisst ihr, durchs Leben zu rennen bringt einen auch nicht weiter. Die Pausen sind es, die das Leben zu etwas Besonderen machen. Wir Bären sind gemütliche Wesen. Zwar gefährlich, doch leben wir sehr bewusst und ruhig."

„Die Pausen sind es, die das Leben zu etwas Besonderem machen … Wow, das hast du toll gesagt. Bevor du kamst, habe ich noch zu Sophia gesagt, wie schön es doch ist, einfach zu sein. Ohne Stress und Hektik."

Miran legte seinen gewaltigen Körper nieder und schmunzelte. „Viele verlieren sich in ihrer Hast und wenn sie dann zurück sehen, haben sie nicht viel Weg hinter sich gelassen und vor allem haben sie nichts erlebt. Wir haben so viel Zeit im Leben, wenn wir sie richtig nutzen."

Sophia schaute in die Sterne, das ganze Firmament strahlte von ihrem Schein. „Zeit. Was ist Zeit? Für die Menschen ist Zeit eine Uhr. Die Stunden ringen dahin und sie jammern, weil sie in der Zeit, die einen Tag, ein Jahr oder sogar ein Leben zählt, nicht genug Zeit gehabt haben."

„Wir haben so viel Zeit, wenn wir sie sinnvoll nutzen. Die Zeit, die wir damit verbringen, in uns zu gehen und einfach wir selbst zu sein, das ist die Zeit des Lebens."

Malu schaute in die Ferne. „Ich finde, dass Zeit ein tolles Geschenk ist. Viele fragen sich immer, was sie jemandem schenken sollen. Warum schenken sie nicht einfach Zeit, wenn es doch das ist, was viele anscheinend nicht genug haben."

„Das ist eine tolle Idee", stimmte Miran zu. „Doch wie verschenkt man Zeit? Man kann ja nicht von seiner Zeit etwas weitergeben."

Malu lachte. „Doch, das kann man. Was ist wertvoller, als Zeit mit seinen Lieben zu verbringen. Zeit für etwas zu investieren, über das sich jemand freuen würde. Sich Zeit zu nehmen, einfach mal Hallo zu sagen oder in seinem Weg anzuhalten, um jemandem zu helfen. Ich schenke gerne einen Teil meiner Zeit, die ich hier auf Erden habe, um anderen eine Freude zu machen, denn das erfreut auch mich."

„Du hast wie immer Recht, Malu, Zeit zu verschenken, macht einen selbst glücklich und zufriedener. **Zeit ist ein sehr kostbares Geschenk, das du jemandem machen kannst. Denn wenn du deine Zeit verschenkst, verschenkst du einen Teil deines Lebens, der nie mehr zurückkommt**."

Miran schaute die beiden an. „In der Zeit, wo die Menschen darüber klagen, dass sie zu wenig Zeit haben, rinnt ihnen die Zeit durch die Hände, die sie viel intensiver nutzen könnten. Wir alle wissen nicht, wie viel Zeit uns auf dieser Erde bleibt. Sehr schnell kann das Leben zu Ende sein, deshalb sollte man die Zeit, die wir zur Verfügung haben, auch gut nutzen. Besonders wertvoll ist auch die Zeit, die du für dich selbst nimmst. In der du Ruhe findest und die Dinge machst, die du gerne machen möchtest. Nimm dir Zeit für die schönen Momente im Leben und genieße jede Sekunde. Sie machen das Leben aus."

Malu seufzte tief auf. „Das ist alles irgendwie voll kompliziert und doch so einfach. Oft denke ich, jetzt habe ich wieder hier rumgesessen und nix getan, nur vor mich hin geträumt. Dabei hätte ich doch in dieser Zeit schon wieder viele Dinge machen können. Doch eigentlich war dieses träumen Zeit, die ich mit mir verbracht habe und die mir wunderschöne Augenblicke und Gefühle bescherte. Ich sollte kein schlechtes Gewissen haben, wenn ich einfach mal nix tue und vor mich hin trödle. Denn diese Zeit ist meine Zeit, die ich ohne Hast und Eile verbracht habe. Sie gibt mir Kraft und erfreut mich selbst sehr."

Es raschelte zwischen den Bäumen und es kugelte Wisal hervor, der in aller Eile über seinen Teddy stolperte, den er hinter sich her zog. Er kullerte direkt gegen Miran, der kurz aufbrummte. Ganz erschrocken schaute Wisal in das braune dichte Fell. „Wow, kann ich den haben?"

Malu und Sophia mussten lachen. „Wisal, wo kommst du denn her und, nein, du kannst Miran nicht haben."

„Malu, er ist ein riesiger Bär. Ein Bär, Malu. Er ist so kuschelig und warm. Den will ich haben. Wem gehört er?"

Miran hob die Tatze und spreizte seine beachtlichen Krallen. Erschrocken hüpfte Wisal auf und flüchtete zu Malu am Fuße des Baumes. Mit offenem Mund starrte er Miran an. „Der ist ja echt, Malu. Ui, da bin ich wieder mal schön in der Patsche. Ein echter Bär. Hier bei uns. Ui, ui, ui."

„Langsam, Wisal, hol erst mal Luft und dann stellen wir dir Miran vor, er ist auf der Durchreise. Miran, dies ist Wisal, unser Waldkomiker." Malu grinste von einem Ohr zum anderen.

Miran legte seinen schweren Kopf wieder auf die Tatze. „Hallo Wisal, du bist ein Waschbär, also ein Verwandter von mir, und die schmecken bekanntlich nicht sehr gut, also bist du sicher vor mir."

„Ha, sehr witzig. Ich bin ungenießbar und außerdem beschützt mich Malu. Was machst du hier?"

„Was ich hier mache? Na, ich sammle schöne Momente und nehme mir die Zeit, nette Tiere kennenzulernen."

„Ui, du hast Zeit für sowas. Also ich nehme mir auch manchmal Zeit, doch meist reicht meine Zeit nicht aus. Wie viel Zeit investierst du dafür?"

Sophia plusterte sich auf. „Es ist doch egal, wie viel Zeit man sich dafür nimmt. Wichtig ist, dass man es überhaupt tut. Sich Zeit nehmen, um schöne Augenblicke zu erleben, und auch dafür, anderen eine Freude zu machen."

Miran schaute Wisal an. „Wenn du gemächlicher durchs Leben gehst, siehst du viel mehr von der Welt um dich herum. Du nimmst viel mehr wahr und somit erkennst du auch, wann der Augenblick da ist, um kurz stehen zu bleiben. Einfach, um jemandem Hallo zu sagen oder einen Moment innezuhalten, für dich selbst. Sie sind sehr kostbar, diese Augenblicke. Wisst Ihr, **sammelt schöne Au-**

genblicke, als Vorrat für schlechte Zeiten, denn sie bleiben in unseren Erinnerungen und an ihnen können wir uns dann erfreuen, wenn es uns nicht so gut geht."

„Siehst du, Wisal? Geh langsamer und bedachter durch den Wald. Nicht immer rennen und hetzen. Du hast Zeit genug. Du musst sie nur für die wirklich wichtigen Dinge im Leben nutzen."

Tief seufzte Miran auf, erhob sich und streckte sich. „So, meine Lieben. Es war schön, euch kennengelernt zu haben. Doch ich muss nun weiterziehen. Danke, dass ihr euch die Zeit genommen habt, mit mir zu verweilen. Ich sehe dies als ein schönes Geschenk an, das ihr mir gemacht habt. Lebt wohl und erinnert euch mal an mich, den gemütlichen Miran." Schwerfällig drehte er den Freunden den Rücken zu und spazierte davon.

Wisal sah hoch zu Sophia und Malu. „Kommt, nehmen wir uns die Zeit und sagen ein paar Freunden Hallo."

Malu lachte auf. „Warum hattest du es vorhin so eilig? Wohin wolltest du?"

„Ehrlich gesagt, ich weiß es nicht mehr. Wichtiger ist jetzt, dass wir uns Zeit für unsere Freunde nehmen."

Malu schwang sich in die Lüfte und flatterte gefolgt von Sophia hinter Wisal her. Dieser hopste vergnügt durch den Wald und rief in alle Richtungen „Huhu! Hallo! Schön, dass es euch gibt. Ich mag euch. Kommt, lasst uns Zeit miteinander verbringen …"

Daseinsberechtigung

Malu hing am Ast und schaute Mirko beim Weben zu. Die Sonne war gerade untergegangen und Mirko hatte sein Netz fast vollendet. „Das ist wirklich eine Kunst, die du da vollbringst. Als so ein kleines Tier etwas so Großes zu erschaffen."

Mirko lächelte. „Das liegt doch in meiner Art. Ich habe es schon mit meiner Geburt in die Wiege gelegt bekommen, dieses Talent."

„Das ist eine schöne Gabe, die du mitbekommen hast. So, nun werde ich mal schauen, wo Sophia steckt."

Kaum sprach er es aus, schwebte Sophia heran. „Na, was treibt ihr beiden wieder?"

„Hallo Sophia, ich wollte gerade los und dich suchen. Was machen wir heute Nacht?"

„Lass uns einfach mal sehen, was am kleinen See los ist. Mirko, möchtest du mitkommen?"

„Sehr gerne. Dann habe ich auch wieder mal ein tolles Erlebnis."

Die drei machten sich auf den Weg, Mirko wie immer in Sophias Gefieder. Von weitem hörten sie schon, dass am See heftig diskutiert wurde. Was war da wieder los? Als sie näherkamen sahen sie, dass die Kinder Jaro, Aylin und Cody auch dabei waren. Sie landeten auf der großen Buche und schauten sich um. Fynn, der Grashüpfer, schaute empor. „Habe die Ehre. Schön, dass ihr euch auch zu uns gesellt. Vielleicht könnt ihr ja etwas zu dem Gespräch beifügen und etwas Licht in die Sache bringen."

Malu rümpfte das Näschen. „Was gibt es denn, das Fragen aufwirft?"

Jaro schaute Malu an. „Es geht um Ungeziefer. Bei uns zuhause ist der Kammerjäger und wir wohnen vorübergehend bei Cody, bis diese ekelhaften und schädlichen Insekten ausgetrieben sind."

Aylin schüttelte sich und bekam eine Gänsehaut. „Ekelig sag ich euch, und gruselig, dieses Ungeziefer."

Wisal, der Waschbär, verdrehte die Augen. „Menno, ich habe schon mal gesagt, dass es eine Beleidigung ist, etwas Ungeziefer zu nennen. Ich habe gelernt, dass alles seinen Nutzen und Sinn hat im Leben. Das sagt auf jeden Fall immer Orenda, die Schamanin, und sie muss es ja wissen."

Zwischen den Bäumen regte sich was und Orenda trat hervor. „Guten Abend, was habe ich gesagt und was muss ich wissen?"

Wisal hopste zu ihr, ergriff ihre Hand und zog sie näher. „Orenda, schön, dass du uns besuchst. Du kommst im rechten Augenblick." Dann stutze er und sah sie mit großen Augen an. „Was machst du hier bei uns? Sonst kommen wir doch zu dir."

Orenda lachte. „Naja, ich dachte so bei mir, heute ist eine schöne Nacht, um mal euch zu besuchen."

Sie suchte sich einen Platz auf einer großen Wurzel, die aus dem Boden ragte, und ließ sich nieder. „Dann kommt mal näher und erzählt mir, was ihr für Sorgen habt."

Cody räusperte sich. „Sorgen, naja, so könnte man es auch nennen. Bei Aylin und Jaro sind die Kammerjäger, sie haben einen Schabenbefall. Nun wird das Ungeziefer vertrieben und Wisal besteht darauf, dass es kein Ungeziefer gibt."

Orenda sah hoch zu Sophia und diese ließ sich zu der Schamanin herab. „Geziefer ist eine Bezeichnung für kleinere Tiere die unerwünscht sind in der Menschenwelt. Tiere, die Krankheiten übertragen können und schädlich sind. Eigentlich stammt diese Bezeichnung vom Opfertier ab, das im althochdeutschen Zepar hieß. Das sind Tiere, die sich für ein Opfer eignen, da sie nicht viel wert haben. Jetzt nennt man sie Ungeziefer. Doch ist das eine total falsche Auslegung. Denn alles auf Erden hat einen Sinn und einen Zweck und jedes Tier, egal, wie klein, erfüllt eine Aufgabe in dieser Welt."

Sophia schaute zu Mirko, der an seinem Seil vom Ast baumelte. „Schaut Mirko an. Auch er gehört zu der Gattung, die Menschen Ungeziefer nennen. Dabei ist er als Spinne sehr wichtig für das ökologische Gleichgewicht."

Mirko schaute alle böse an. „Wenn mich jetzt einer Ungeziefer nennt, bin ich wirklich beleidigt."

Malu verdrehte die Augen. „Naja, du bist liebes Ungeziefer."

Aylin seufzte. „Ich weiß, dass alles einen Sinn hat. Doch Schaben in meinem Zimmer finde ich ekelig und Mama hat Silberfische im Bad gesehen, obwohl sie ständig am Putzen ist."

Fynn reckte sich. „Tja, das ist wirklich nicht schön, doch sollte man sich eher fragen, woher sie kommen und warum sie da sind. Sicher gibt es einen Grund dafür, dass sie in euer Haus Einzug gehalten haben."

Orenda sah in die Sterne, die über ihnen strahlten. „Jedes Lebewesen erfüllt einen Zweck. Lasst euch etwas von mir über diese kleinen Wesen erzählen, die so bösartig Ungeziefer genannt werden und doch einen wichtigen Platz auf Erden haben. Womit fangen wir bloß an?"

Cody gluckste. „Fang mit den Silberfischen an. Ich finde sie echt ekelig."

„Ok, dann nehmen wir die Silberfischchen. Es sind flügellose Insekten, die weder unhygienisch noch Krankheitsüberträger sind. Sie haben eine Vorliebe für Zucker und stärkehaltige Nahrung. Silberfische verspeisen jedoch auch Schädlinge wie Hausstaubmilben und machen sich sogar über Schimmel her. Also, wenn man diese Tierchen in seinem Bad findet, sollte man erst mal nachsehen, ob es einen Schimmelbefall gibt. Denn sie würden sich nirgends niederlassen, wo sie keine Nahrung finden. Wo wir auch direkt bei den Hausstaubmilben sind. Diese nennt man auch Ungeziefer. Obwohl die Milbe selbst völlig harmlos ist. Sie gehört außerdem zu den Spinnentieren wie Mirko und ist so klein, dass wir sie mit bloßen Augen nicht sehen können."

Aylin schüttelte sich. „Ich habe so eine Hausmilbenallergie und bekomme immer Ausschlag."

„Nein, du hast keine Milbenallergie, es muss eigentlich richtig heißen, dass du eine Milbenkotallergie hast, denn darauf reagieren viele Menschen allergisch. Die Milbe selbst ist nicht gefährlich, sie ernährt sich von menschlichen Hautschüppchen, die wir verlieren. Das klingt jetzt vielleicht ekelig, doch davon lebt sie und sie mag auch Schimmel wie die Silberfischchen. Milben sind auch keine Frage der Hygiene. Wenn ihr mal in ihren Lebensraum rein blickt seht ihr, dass man sie mit einfachen Mitteln in ihre natürlichen Schranken verweisen kann. Ihre Lebenserwartung liegt zwischen 30 und 100 Tagen. Dazu muss man wissen, dass Hausstaubmilben den Schimmelpilz zur Vorverdauung der fettigen Hautschuppen benötigt. Wo also viele Milben zuhause sind, gibt es auch Schimmelpilz."

„Dann habe ich eine Kotallergie, iiiih, noch ekeliger", jammerte Aylin.

Orenda schmunzelte. „Gegen diesen Kot, der Allergien hervorruft, kann man was tun. Regelmäßig bei 60 Grad waschen, richtig lüften und auf wenig angreifende Fläche achten, wie eine unzählige Menge Plüschtiere im Bett und Kissen, oder auch diese öfters waschen. Doch verdienen auch sie nicht die Bezeichnung Ungeziefer, denn sie erfüllen einen wichtigen Warnzweck."

Wisal legte nachdenklich seinen Kopf schief. „Sag mal, ich habe gehört, dass Schnecken auch zu Ungeziefer zählen. Warum eigentlich?" Sophia lächelte. „Das kommt daher, dass Schnecken keinen Unterschied sehen, was Salat und was nur Blätter sind. Ihr Lebensraum ist die Natur und somit auch die Gärten der Menschen. Schnecken sind maßgeblich am Abbau organischer Substanzen beteiligt und kümmern sich darum, dass aus Blättern, Pilzen und Hölzern wieder nahrhafte Erde wird. Man würde den Wald nicht mehr erkennen, wenn nicht Schnecken und Käfer sich darum kümmern würden, dass altes Laub und Pilzreste wieder zu Erde werden. Außerdem sind sie für viele andere Tiere Nahrung. Die Larven der Glühwürmchen ernähren sich nur von Schnecken. Nicht zu vergessen, dass sie zur Verbreitung von Samen beitragen. Eine Schnecke ist eher ein Nützling, auch wenn er im Garten unbeliebt ist. Man kann die Schnecke nicht ausrotten, denn es gibt sie schon seit 500 Millionen Jahren und sie ist eigentlich ein Urzeittier."

„Wow, das ist krass. Sie ist auch voll chillig, so langsam, wie sie durchs Leben schleicht. Dabei verbraucht sie so wenig Energie und kann sich voll ihrer Aufgabe im Leben zuwenden“, sagte Malu.

Fynn lachte los. „Ja, sie ist wirklich langsam und trotzdem schafft es der Mensch oftmals nicht, sie zu fangen. Er jammert über aufgefressenen Salat und findet die Schnecke nicht. Naja, ich finde es auch nicht nett, wenn sie so Fallen aufstellen, die tödlich sind. Denn Schnecken werden seit Millionen von Jahren gebraucht und haben immer ihre Aufgabe erfüllt, deshalb sollte man sie nicht Ungeziefer nennen, sondern Helden der Ökologie.“

Alle fingen an zu lachen.

„Genau so ist es“, nickte Orenda. „Oft wird etwas ein Namen gegeben, der sich nicht nett anhört. Ungeziefer oder Schädling ist so falsch, denn jedes Lebewesen, egal, wie klein, hat eine Daseinsberechtigung und einen Sinn auf dieser Erde. Wenn sie keine Berechtigung hätten, ihr Leben ihrer Art entsprechend zu führen, dann müssten wir uns auch fragen, wozu Menschen gut sind … denn sicher könnte man manche auch als Ungeziefer betiteln. Solche, die aus Lust und Spaß jagen oder Wälder abholzen, ohne sich Gedanken zu machen, was dies für Auswirkungen hat. So hat alles seine Berechtigung im Leben. Aylin und Jaro, erzählt euren Eltern, sie sollen in den Wänden nach Schimmel suchen und die Ursache bekämpfen, dann löst sich das Problem der kleinen unbeliebten Krabbeltiere von selbst.“

Wisal starrte zum Boden. Vor ihm krabbelte ein kleiner Käfer entlang. „Schaut mal ... oh, jetzt ist er weg. Der war aber schnell. So klein und so fix unterwegs. Das war bestimmt einer dieser Helden, in Eile zu seinem nächsten Einsatz."

Alle lachten los und es wurde durcheinander geredet und erzählt. Malu schaute Mirko und Sophia an. **„Die Erkenntnis zu erlangen, dass jedes Lebewesen einen Sinn erfüllt, egal, wie klein es auch ist – trägt dazu bei, die Natur und die ganze Erde zu erhalten."**

„Achte auf das Kleine in der Welt,
das macht das Leben reicher und zufriedener.“
Carl Hilty

Eine Geschichte vom Glück

Atemberaubend senkte sich die Sonne am Firmament herab. Stille schlich sich in den Körper und die Seele lachte. Malu hing unter dem Felsvorsprung am Höhleneingang und seufzte tief auf. „Mirko, ist das nicht immer wieder wunderschön? Dieses Gefühl, diese Reinheit, diese Leichtigkeit."

Mirko baumelte an seinem Faden neben ihm. „Das stimmt. Es gibt nichts Schöneres als diesen Moment. Auch wenn er oft nicht lange währt, gibt es ihn. Man muss nur dieses Gefühl zulassen."

Lautlos schwebte Sophia heran. „Na, ihr zwei, schwelgt ihr in dem Gefühl des körperlichen Friedens?"

„Sophia, genau das tun wir. Diesen Augenblick aufnehmen in Körper, Geist und Seele. Dort bleibt er haften und gibt so viel." Malu seufzte wieder tief auf. „Ach, wenn diese Leichtigkeit doch das Leben bestimmen könnte, doch die Realität sieht anders aus."

„Sei nicht so sentimental. Komm, lass uns etwas durch die Nacht fliegen. Wir könnten auch mal wieder Zacharias besuchen. Vielleicht hat er eine Geschichte für uns."

„Au ja, da komm ich auch mit." Mirko krabbelte direkt in Sophias Gefieder und schon machten sie sich auf den Weg zu Zacharias und Lynn. Am Waldboden raschelte es, als sie darüber flogen, und Claudio, der Feuersalamander, huschte entlang. „Hey, wohin fliegt ihr?"

„Wir sind auf den Weg zu Zacharias. Mal sehen, ob er eine Geschichte für uns hat."

„Da komme ich auch. Bis gleich."

„Na, das wird wieder eine große Versammlung geben“, freute sich Sophia. „Da werden wir viele unserer Freunde treffen.“

Malu und Mirko kicherten. „Schau, da vorne ist es schon. Wow, die Veranda ist aber schön beleuchtet. Das ist was Neues.“ Mirko lugte unter dem Gefieder hervor und staunte. Die Veranda der kleinen Hütte war wie mit einem Sternenzelt beleuchtet. Es funkelte und glitzerte. Auch die Lavendelwiese davor hatte riesengroße beleuchtete Sterne dazwischen stehen. Es sah richtig magisch aus. Zacharias saß in seinem Schaukelstuhl und Lynn mit einer Tasse in der Hand neben ihm. Als sie Malu und Sophia entdeckte, stahl sich ein Lächeln auf ihr Gesicht. „Huhu, schön, dass ihr kommt. Heute Nachmittag sagte noch Zacharias zu mir, dass seine Freunde heute kommen und er eine Geschichte erzählen muss. Jetzt fragt mich bloß nicht, woher er das wusste.“

Malu flatterte direkt zu Zacharias auf die Beine. „Na, du alter Haudegen. Bist du heute gut drauf?“

Zacharias starrte Malu an. „Wer bist du denn? Wie süß. Schau mal, Lynn, ein Mini-Flugsaurier.“

Mirko prustete los. „Hihi, ich glaube der hat dich nicht erkannt.“

Zacharias schaute auf und sein Blick traf Sophia. „Guten Abend, Sophia, wo ist Malu?“

Lynn tätschelte seine Hand. „Zacharias, der Mini-Flugsaurier ist Malu. Schau mal genau hin.“

Zacharias starrte wieder Malu an. Dieser warf sich in Pose und spreizte seine Schwingen. „Schau, ich bin es. Dein Malu. Kein Flugsaurier.“ „Ok, gut, Hallo Malu.“ Es klang nicht überzeugt. Jedoch musste man dies Zacharias nachsehen, denn durch seine Alzheimererkrankung war er nicht immer so gut mit dem Erinnern und Erkennen. Im Wald raschelte es und immer mehr Tiere erschienen. Alle bewunderten sie die neue Beleuchtung und ein wirr durcheinandergerufenes Hallo erscholl aus allen Ecken. Lynn klatschte in die Hände. „Na, da hast du nun viel Publikum, um eine Geschichte zu erzählen." Sie wandte sich an die Tiere. „Schön, dass ihr uns alle besuchen kommt. Wir Menschen dürfen uns im Augenblick nicht zu nahe kommen, deshalb ist es sehr erfreulich, dass es euch gibt."

„Ach ja, das Virus. Das ist wirklich erschreckend. Ich bin sehr froh, dass es noch nicht uns Tiere erwischt hat. Doch sicher ist es für den Menschen nun sehr einsam ohne seine Freunde", sagte Malu. „Zacharias, hast du vielleicht eine Geschichte für uns?"

Zacharias atmete tief durch. „Geschichte, Geschichte, Märchen. Hast du eine?"

Malu stutzte. „Ich. Nein, du sollst uns eine erzählen."

„Ja eine Geschichte. Genau." In der Luft flatterte etwas heran und ließ ein kleines Stückchen Baumrinde in Zacharias' Schoß fallen. Er griff sogleich danach und sah es fasziniert an. Die Tiere hielten den Atem an. Oft war es so, das sich Zacharias an etwas erinnerte, wenn er einen kleinen Gegenstand in die Hand nahm oder einen Hinweis bekam. Doch ob dieses kleine Stückchen Rinde helfen würde? Zacharias sah in die Runde. „Malea und Liva. Was die beiden verbindet? Hört genau zu. Malea war hübsch. Hatte lange schwarze Locken, eine zierliche Gestalt und immer die neueste Kleidung an. Liva war pummelig, ihre Haare hatten die Farbe eines Straßenköters und sie rannte immer in einem Chaos von wirr zusammengestellten Kleidungsstücken durch die Gegend. Die beiden gingen in die gleiche Klasse. Seit Jahren sahen sie sich täglich, doch außer ab und zu ein Hallo am Morgen, gab es keinen Kontakt. Malea war immer von vielen Freunden umgeben und Liva saß lächelnd in einer Ecke des Schulhofes alleine. Meist las sie ein Buch oder starrte einfach in den Himmel und beobachtete die Wolken. Oftmals ertappte man Malea dabei, wie sie heimlich zu Liva schaute. Liva jedoch warf niemals einen Blick zurück. Die Zeit der Schuljahre verging. Beide machten sie einen tollen Abschluss. Dann trennten sich ihre Wege. Malea ging studieren und wurde Ärztin, heiratete und hastete täglich zwischen Praxis und ihrem Zuhause hin und her. Liva, tja, Liva machte eine Ausbildung zum Schornsteinfeger."

Wisal rümpfte sein Näschen und gluckste dazwischen. „Ehrlich, Zacharias, Schornsteinfeger, ein Mädchen, komische Geschichte."

„Mensch warte es doch mal ab und unterbrich Zacharias nicht", stöhnte Mirko.

„Liva war eine tolle Schornsteinfegerin. Sie hatte immer einen schwarzen Fleck auf der Wange und ein Lächeln im Gesicht. Ihre Kunden freuten sich, wenn sie vorbeikam. Eines Tages bekam sie einen neuen Kunden zugewiesen. Es war in einer großen Villa am Stadtrand. Sie staunte nicht schlecht, als sie das Grundstück betrat. Bevor sie klingelte, sah sie ihre Hände an. Es waren arbeitende Hände, mit Rissen und Schwielen, jedoch sauber. Also wagte sie es und drückte auf den Klingelknopf. Es dauerte eine ganze Zeit, bis ihr von einer Frau geöffnet wurde. Da stand sie, die Schornsteinfegerin, vor dieser riesigen Villa und starrte die Frau auf der anderen Seite der Schwelle an.

Auch diese starrte mit weit aufgerissenen Augen Liva entgegen. *Ich kenne dich, du bist Liva, aus meiner Klasse in der Schule.* Liva lächelte. *Ja und du bist Malea. Deinen Namen kannte ich, jedoch hatten wir nie die Gelegenheit miteinander zu sprechen. Ich bin deine neue Schornsteinfegerin.* Malea schmunzelte, als ein kleiner Junge an ihr vorbeiraste und seine Arme um Liva schlang. *Wow, schau, Mama, da ist das Glück heute auch mal bei uns vorbei gekommen.* Er rubbelte seine Wange an Livas Kleidung und sofort hatte er schwarzen Ruß auf dem Gesicht. Seine Hände verwandelten sich in schwarze Pfoten und sein weißes T-Shirt hatte ein interessantes schwarzes Design aufzuweisen. Malea stöhnte auf. *Dennis, was machst du da? Schau dich mal an.* Der Junge schaute in das verzweifelte Gesicht seiner Mutter. *Aber, Mama, das ist Glücksstaub. Komm und umarme auch mal den Schlotfeger.* Liva brach in Lachen aus und strubbelte über den Kopf des kleinen Dennis. *Ich denke nicht, dass sich deine Mama schmutzig machen möchte. Schau mal ihre schöne Kleidung an, sie wäre ruiniert, wenn sie mich umarmen würde.* Malea stand perplex im Türrahmen. Sie schaute auf die zwei lachenden Menschen. Was sollte sie tun? Sie hatte damals im Stillen immer Liva beneidet. Denn Liva sah glücklich aus. Sie machte sich nichts aus den Meinungen der anderen. Sie war so echt in ihrer Art und hier stand sie nun vor ihr, viele Jahre später, und lachte immer noch. Sie spürte, wie eine kleine Hand sich in ihre schob und sie aus der Tür zog. Liva breitete die Arme aus und wartete gespannt, was wohl passieren würde. Ganz langsam hoben sich Maleas Mundwinkel und dann stürzte sie sich hinein in die offenen Arme. Dennis sprang um die beiden herum und quiekte und lachte. Liva und Malea hatten beide ein Lächeln im Gesicht, als sie sich voneinander trennten. Dennis hakte sich bei beiden ein und sie gingen zusammen ins Haus. Noch Stunden später hörte man die fröhlichen Stimmen erklingen. Jahre später saß ein kleiner Junge abseits auf dem Schulhof und starrte die anderen Kinder an, als sich ein Junge ihm näherte. *Sag mir, was möchtest du einmal werden, wenn du groß bist?* Der Junge blickte zum Schuldach hinauf und dann rannte er plötzlich los. *Hey wohin willst du?* Im Davonrennen drehte sich der kleine Junge um. *Das Glück umarmen.*“

Es herrschte Stille, als Zacharias seine Geschichte beendete. „Was soll uns die jetzt sagen?“, überlegte Wisal wispernd.

Malu schaute seine Freunde an. „Ganz viel sagt sie uns. Geschichten können viele Auslegungen haben. Sie müssen nicht für jeden das gleiche bedeuten. Also, ich sehe darin, dass Glück zu jeden kommt, egal, in welcher Form, man muss es nur sehen.“

Hope, die Füchsin, trat hervor. „Also ich sehe darin, dass es egal ist, ob man arm oder reich ist. Wichtig ist, das man sich findet im Leben.“

Mirko schmunzelte. „Also für mich steht die Leichtigkeit im Vordergrund. Das Kind, das ungezwungen zeigt, wie einfach es ist, nach dem Glück zu greifen.“

Claudio räusperte sich. „Für mich ist die Lehre daraus, dass es manchmal wirklich wichtig ist, über seinen Schatten zu springen, lieber spät als nie.“

Lynn sah Zacharias an. „Die Geschichte war wunderschön und verkörpert so vieles. Freundschaft, Leichtigkeit, Sehnsucht, Glück. Liva und Malea, zwei verschieden denkende Seelen, die so nichts gemeinsam haben und doch zusammen fanden."

„Warum bringt ein Schornsteinfeger Glück?", fragte Wisal.

Guillermo, der Gargouilles, meldete sich aus der Lavendelwiese. „Das, Wisal, kann ich dir erklären. Schon im Mittelalter war das Handwerk des Schornsteinfegers sehr wichtig. Denn er reiste übers Land und fegte die Kamine frei. Das war für die Hausbesitzer sehr wichtig. Denn waren die Kamine verrußt und zu viele Ablagerungen vorhanden, bargen sie große Gefahr, es konnte nicht gekocht werden und es blieb kalt im Haus. War der Kamin jedoch sauber und frei, gab es Essen, Wärme und auch Sicherheit. So entstand die Rede vom Glück, das mit dem Kaminkehrer oder Schornsteinfeger ins Haus kam. Später sagte man dann, wenn man einen Schornsteinfeger berühren würde, bringt das Glück. Er hat eine große Symbolkraft und ist dazu noch ein wichtiges Handwerk."

„Ui, krass. Also, ich finde die Geschichte toll. Es steckt so viel darin, wie Lynn schon sagt. Auch dass ein richtiges Handwerk zu erlernen genau so viel Freude bringen kann und wichtig ist wie ein studierter Beruf."

Malu schmunzelte in sich hinein. **„Geschichten lassen immer Raum offen. Was der oder diejenige noch hineininterpretiert, macht die einzelne Geschichte für jeden zu etwas Besonderem."**

Zacharias gähnte. Lynn erhob sich. „Nun werde ich Zacharias bettfertig machen. Schön, dass ihr da wart. Es war wieder eine tolle Nacht unter Freunden, von der wir lange zehren werden."

Von überall her erklang ein Gute–Nacht- und Süße-Träume-Ruf und dann machten sich die Tiere auf den Weg zu ihren Behausungen. Malu, Sophia und Mirko flogen zurück zur Höhle. Dort setzten sie sich auf den Felsvorsprung und beobachteten das Spiel der Sonne, als sie sich den Weg zum Firmament bahnte.

Handwerk

„Malu, aufwachen, es ist Zeit“, erklang der Ruf in die Höhle. Malu blinzelte durch seine Flügel und stöhnte. „Ich komme sofort. Lasst mich erst einmal wach werden.“ Er streckte und reckte sich und dann flatterte er nach draußen. Vor der Höhle erwarteten ihn schon Imani, der Bussard, und Sophia mit Mirko im Gefieder. „Guten Abend, was habt ihr heute vor, dass ihr schon hier seid?“

Imani räusperte sich. „Die Kinder des Dorfes treffen sich heute im Baumhaus. Moja hat eine Diskussionsrunde anberaumt. Das Thema wollte sie mir jedoch nicht verraten. Ich dachte mir, wir könnten auch dazustoßen und hören, woüber sie fachsimpeln.“

„Klaro, das klingt Interessant, dann lass uns mal losfliegen.“

Der Mond und die Sterne zeigten ihnen den Weg durch den dunklen Wald und schon von weitem hörten sie das Lachen der Kinder aus dem Baumhaus. Sie landeten in den Fenstern und ein großes Hallo kam von allen Seiten. Natürlich waren Wisal und die Eichhörnchen Jack und Paul sowie Saira auch schon da. Moja saß in dem großen Ohrensessel und um sie herum hatten sich die Kinder mit dampfenden Bechern Tee niedergelassen.

„Jetzt bin ich neugierig. Was findet hier heute statt?“, fragte Malu.

Moja blickte die Kinder an. „Also, wir werden heute über Berufswünsche sprechen. Das ist zurzeit ein Thema in der Schule und ich finde, man sollte sich schon früh genug darüber Gedanken machen, nicht erst, wenn es kurz bevorsteht.“

Wisal hopste auf. „Also, wenn ich ein Mensch wäre, dann würde ich gerne Schornsteinfeger werden."

Moja lachte. „Warum das, Wisal?"

„Na, Zacharias hat uns neulich eine Geschichte erzählt und da ging es um eine Schornsteinfegerin. Das Besondere daran war, dass sie Glück brachte, und ich möchte auch gerne Glück bringen."

„Das ist ein schöner Grund, diesen Beruf erlernen zu wollen."

Jaro grummelte. „Da ist man doch den ganzen Tag dreckig und viel draußen. Also für mich wäre das nichts. Ich möchte gerne in einem warmen Büro sitzen. Grafiker vielleicht oder Zeitungsverleger."

Killian verdrehte die Augen. „Also in einem stickigen Büro möchte ich nicht versauern. Ich würde gerne etwas mit Tieren machen. Tierarzt, Tierpfleger oder so was."

Jala räusperte sich. „Also, bei mir ist es ja etwas eingeschränkt, da ich im Rollstuhl sitze, doch möchte ich auch gerne einen Beruf erlernen und ich denke mir, ich werde Fotografin werden."

„Wie willst du das machen, wenn du im Rollstuhl sitzt?", fragte Jaro.

Jala räusperte sich. „Wo ist das Problem? Fotos kann ich auch aus meinem Stuhl machen und ich komme auch überall hin. Heutzutage ist das kein Problem mehr."

„Da hat Jala recht. In der heutigen Zeit gibt es sehr viele Möglichkeiten für Menschen mit Handicap."

„Sag mal, Moja, was könnte ich beruflich machen?" Clara seufzte.

„Auch für dich gibt es Möglichkeiten. Du magst doch Musik. Da wäre Tontechnikerin oder Audiodesignerin eine

Alternative. Es gibt diese Ausbildung auch für nicht sehende Menschen."

„Mmh, darüber muss ich mir wirklich mal Gedanken machen. Danke für den Tipp."

Malu sah die Kinder an. „Sag mal, Aylin, was möchtest du gerne werden?"

„Also, ich möchte gerne ein richtiges Handwerk erlernen."

„Ein Handwerk. Das ist doch eine schmutzige und minderwertige Arbeit. Da kannst du nicht viel verdienen." Cody schüttelte den Kopf und Aylin giftete ihn an: „Genau, ein Handwerk. Das ist kein minderwertiger Job. Handwerker werden immer gebraucht. Egal ob Schreiner, Maurer, Maler oder eben Schornsteinfeger. Es sind ehrbare Berufe ohne die die Gesellschaft aufgeschmissen wäre. Nimm doch mal einen Bäcker. Das ist auch ein Handwerk und du würdest als allererstes schimpfen, wenn es kein Brot mehr gäbe."

Wisal nickte heftig. „Genau, Aylin hat recht und Guillermo hat gesagt, ohne Schornsteinfeger wäre es kalt in den Häusern, gefährlich und man bliebe auch hungrig. So war das auf jeden Fall früher."

Moja hob die Hand. „Ja, ein Handwerk ist ein sehr ehrbarer Beruf. Jeder Beruf ist auf seine eigene Art wichtig. Warum das Handwerk so schlecht gemacht wird, denke ich, liegt an der heutigen Zeit. Handwerk wird immer in Verbindung mit Schmutz und Minderwertigkeit betitelt. Doch was wäre die Menschheit ohne Schreiner, die ihnen die tollen Möbel für ihr Haus machen? Selbst Fensterputzer und Straßenkehrer sind sehr wichtige Berufe. Klar wird man da etwas schmutzig. Doch hat Schmutz noch keinem geschadet."

„Mmh, warum verdient man dann in diesen Berufen so wenig?", fragte Cody.

„Tja das ist eine gute Frage. Warum verdienen ein Arzt oder ein Rechtsanwalt so viel mehr?"

Imani schaute alle ernst an. „Naja, ich denke, dass es darauf ankommt, wie gut man in seinem Job ist und wie man sich weiterbildet. Auch als kleiner Automechaniker kann man sich zum Techniker hocharbeiten und als Bäckergeselle zum Meister. Dann sieht auch das Gehalt anders aus. Ein Arzt ist natürlich in einer anderen Stufe und ich finde, man sollte dies nicht vergleichen. Bei ihm geht es oftmals um Menschenleben und lange Schichten und große Verantwortung. Pflegekräfte zum Beispiel bekommen noch weniger Lohn als Handwerker und sie werden auch nicht als minderbemittelt bezeichnet."

Malu grummelte: „Also ich finde, es kommt immer darauf an, wie man die Sache mit dem Job angeht. Wenn man Spaß an seiner Arbeit hat, macht man auch gute Arbeit und wird sich auch immer weiter hocharbeiten, egal, ob es ein Handwerk oder ein anderer Beruf ist."

Cody sah sehr nachdenklich aus.

„Na, Cody, was denkst du nun über ein Handwerk?", stupste ihn Jala an.

„Mmh, naja eigentlich würde ich ja gerne Schreiner lernen. Ich liebe es, mit Holz zu arbeiten, liebe den Geruch und erfreue mich daran. Doch meine Eltern sagen, ich soll mal studieren und Lehrer oder Zahnarzt werden, dann hätte ich ausgesorgt."

Moja strich ihm über den Kopf. „Das ist so eine Sache. Wisst ihr, Eltern wollen nur das Beste für ihre Kinder. Sie wollen stolz darauf sein, erzählen zu können, mein Kind ist Akademiker oder schau wie schlau mein Kind ist, er wird Arzt. Dabei vergessen sie das Wesentliche."

„Was ist das Wesentliche?" Saira, das Eichhörnchen, sah Moja gespannt an.

„Das Wesentliche. Sie vergessen zu hinterfragen, was ihr Kind wirklich möchte. Sie lassen dem Kind oft keine eigene Wahl, weil sie denken, für das Kind entscheiden zu müssen. Oftmals fehlt es auch an offenen Gesprächen im Voraus. Was möchte eigentlich mein Kind? Was für Träume hat es? Wie stellt es sich seine Zukunft vor? Auch die Erziehung prägt oft die Zukunft des Kindes. So werden Kinder aus Handwerksfamilien oft auch Handwerker und Kinder aus einer Arztfamilie oft auch Arzt."

Cody schmunzelte. „Das ist doch total doof. Nur weil mein Vater Ingenieur ist, muss ich es doch nicht auch werden. Meinst du, ihm wäre es peinlich, wenn ich Schreiner lernen wollte?"

Malu schaute genervt Cody an. „Also, ich finde, er sollte lieber stolz darauf sein, dass du deine eigene Meinung und dein eigenes Ziel vor Augen hast. Wenn du Spaß im Job hast und Gefallen daran, wirst du auch gute Arbeit leisten und somit wirst du auch erfolgreich sein."

„So sehe ich das auch. Ich habe auch gute Noten und könnte studieren, doch würde ich keinen Spaß daran haben, irgendwann in einem Büro zu sitzen. Ich muss ab und zu raus in die Natur, brauche Luft zum Atmen und etwas Dreck macht mir auch nichts aus. Wer weiß, Wisal, du hast mich da auf eine Idee gebracht."

Moja lachte. „Das Wichtigste ist jedoch, dass man beizeiten darüber spricht und sich Gedanken macht. Sich auch informiert über den jeweiligen Beruf. Damit man auch weiß, was einen da erwartet. Oftmals sieht es am Anfang einfach aus, doch blickt man tiefer, ist es ganz anders. Denkt auch immer daran, offen mit euren Eltern darüber zu reden. Fragt sie, was ihnen an ihrem Job Spaß macht. Die Antwort könnte euch weiterhelfen und, Jaro, ein Handwerk zu erlernen ist keine Minderwertigkeit oder etwas Schlechtes. Handwerk hat Zukunft, selbst im Zeitalter der Technik."

Sophia stieß Malu mit ihrem Flügel an. „Pssst, Mirko schläft in meinem Gefieder, ich glaube, er fand diese Diskussion nicht so interessant."

„Ha, ich bin wach und ich habe alles intensiv verfolgt. Das Wichtigste wurde noch nicht angesprochen und ich habe eigentlich darauf gewartet."

Malu zog die Stirn in Falten. „Was fehlt denn noch bei den Überlegungen? Der Mensch lebt, um zu arbeiten."

Mirko reckte sich. „Nein, der Mensch sollte arbeiten, um zu leben – so ist es richtig. Freiräume trotz Arbeit. Das Leben genießen trotz Arbeit. Er sollte Spaß haben an dem, was er tut. Wenn er schon bei der Berufswahl daran denkt und sich Gedanken dazu macht, wie er seine Zukunft gestalten möchte, dann wird er den richtigen Weg einschlagen."

Moja lachte los und die Kinder fielen mit ein. „Huch, unser Spinnenorakel hat gesprochen", kicherte Malu, winkte allen zu und flatterte in die Nacht hinaus. Sophia und Imani folgten sogleich. „Sag mal, Malu, wie fandest du den Abend?"

„Solche Gespräche sind sehr wichtig. Sie regen dazu an, nachzudenken und vor allem sich Ziele zu setzen und diese sind bekanntlich sehr wichtig im Leben.“

„Ziele lassen einen vorwärts gehen.“

„Die schönsten Vorlagen für die Fantasie liefert uns die Natur.“
Marliese Zeider

Die Macht der Wege

„Schau mal, Sophia, da vorne ist so ein heller Lichtschein. Wollen wir mal sehen, was da los ist?“ Malu flatterte neben Sophia über die große Wiese vorm Dorf. „Wow schau, das ist der Garten von Georg. Wie schön das ist.“

„Malu so viele Lampions und schau mal, da sind schon viele versammelt. Was es wohl zu feiern gibt?“

Mit einem herzlichen Hallo wurden die beiden empfangen. Überall standen Tische und Bänke mit schönen Dekorationen. Daneben waren auch vereinzelt Sitzstangen angebracht, auf denen sich schon viele Flugtiere niedergelassen hatten. Mirko saß bei Zacharias auf der Schulter und grinste Malu entgegen. „Malu, ist das nicht schön? Alles funkelt und glitzert und wir sind alle hier willkommen. Schau, sogar Themba und Hope sind da.“

Überall wurde geredet und gelacht. Malu sah sich um. Da waren Moja und Morla, die beiden alten Damen. Lynn, Zacharias und Jacob, der Förster, mit seinen Hunden. Dazwischen tollten alle seine tierischen Freunde umher. Georg thronte am Stirnplatz der langen Tische.

„Sag mal, Georg, was feiert ihr hier?“

Georg sah Malu an, der sich vor ihm niedergelassen hatte.

„Malu, man muss nicht immer einen Grund haben, sich zusammenzufinden. Einfach so, weil uns gerade danach ist. Spontan, ohne Planung, das sind die schönsten Feste.“

Morla sah hoch in die Sterne. „Malu, einfach sein, mit Freunden sich umgeben und den Augenblick genießen, das macht das Leben aus.“

Moja lachte. „Planung bedeutet oftmals Stress und Hektik. Wenn man etwas plant, gehen viele Überlegungen voraus. Man will alles perfekt organisieren und ist meist schon fertig, noch bevor das Fest stattgefunden hat. Dazu kommen auch Enttäuschungen, wenn man jemanden dazu einlädt und er absagt, da er keine Zeit hat. Dies hier ist etwas Besonderes und macht viel mehr Freude."

„Aber wenn doch niemand wusste, dass ein Fest stattfindet, wie kam es dann zustande? Das verstehe ich nicht." Malu riffelte die Stirn.

Georg stupste ihn mit dem Finger an. „Also ich saß am frühen Abend auf der Veranda als Lynn mit Zacharias vorbei spazierte. Sie waren beim Arzt und gerade auf dem Heimweg. Ich lud sie spontan ein, sich ein wenig zu mir zu gesellen. Dann kamen auch schon Wisal und Luam an. Jacob spazierte auf seiner Abendrunde mit den Hunden vorbei und erwähnte, dass er noch ein paar schöne Lampions für meinen Garten hat. Er machte sich auf den Weg, sie mir zu holen, und brachte Moja und Morla mit, die beschlossen hatten, einfach mal Hallo zu sagen. Da nicht so viel Platz auf der Veranda ist, haben wir die Tische aus dem Schuppen geholt und in den Garten runter gestellt und direkt die Lampions aufgehängt. Tja du siehst, angezogen von dem Licht, kamen unsere tierischen Freunde und nun haben wir ein schönes spontanes Fest."

„Wow das stimmt, auch wir wurden von dem Lichtschein angezogen." Sophia plusterte sich auf. „Das Leben ist von so vielen festen Terminen durchzogen, dass die meisten gar nichts mehr spontan an sich heranlassen. Alles muss vorprogrammiert sein, nichts den Zufall überlassen. Jeder jagt seinen Terminen hinterher."

Wisal hopste auf den Tisch. „Ich habe mal gesehen, dass Menschen sich sogar ihre Freizeit verplanen. Also, sie schreiben sich dann zum Beispiel in den Kalender: Samstag, von 9 Uhr bis 10 Uhr spazieren gehen oder um 16 Uhr Cafe trinken. Ist das nicht mega doof? Dabei könnten sie doch neben ihrer Arbeit einfach mal spontan das machen, was ihnen gerade Spaß macht?“

Georg schmunzelte. „Wisal, Planung ist das halbe Leben der Menschheit, wenn nicht noch mehr. Erst im Alter versteht man oft, dass dies nicht so sein sollte. Ein Tag erscheint einem oft zu kurz, um all seine Vorhaben unterzubringen. Also macht man sich Termine. Neben Arbeit, Haushalt, Verpflichtungen gegenüber der Familie, den Kindern bleibt nicht viel Zeit für einen selbst. Auf jeden Fall denkt man das, mit diesem Glauben lebt man.“

Malu rümpfte das Näschen. „Das ist doch voll daneben. Warum sollten die Menschen so etwas denken?“

Moja überlegte. „Weißt du, wenn wir jung sind, ist ein Tag mega lang. Als Kinder gehen wir in die Schule, danach spielen wir mit Freunden und der Tag ist erfüllend und fröhlich. Doch wenn wir älter werden, lassen wir das, was eigentlich Spaß machen sollte, fallen und vor allem das, was wir uns selbst auferlegt haben, uns beherrschen. Wir suchen uns einen Job, gründen eine Familie und wollen alles perfekt machen. Wir steigern uns hinein und verplanen unser weiteres Leben. Was wollen wir erreichen, wohin soll die Reise gehen? So viel Last laden wir auf unsere Schultern, dass wir sie kaum tragen können. Sogar die Zukunft unserer eigenen Kinder verplanen wir schon, bevor sie überhaupt geboren wurden. Wenn dann etwas nicht so klappt, wie wir es uns vorgestellt haben, sind wir gestresst, enttäuscht und verlieren den Weg aus den Augen. Erst im Alter werden wir schlauer und sehen, dass diese kleinen Dinge, die nicht so gelaufen sind, wie wir sie geplant haben, uns doch neue Wege öffnen. Diese sind wir auch unbewusst gegangen. Doch die Erkenntnis zu erlangen, dass es oftmals besser ist, sich auf etwas spontan einzulassen und nicht immer alles vorauszuplanen, die erlangt man erst viel später."

Georg verzog sein Gesicht. „Moja spricht es aus. Schau uns an, wir sind alle in einem Alter, wo man sagt, wir hätten das Leben hinter uns. Doch, nein, so ist es nicht. Wir mögen vielleicht schon viele Jahre zählen, doch wir wären nicht hier, wenn wir nicht selbst diesen Prozess des Lebens durchlebt hätten. Auch wir haben geplant und Enttäuschungen hingenommen. Doch nun sind wir schlauer und genießen jeden Moment, egal, wohin der Weg uns führt. Wenn wir Lust haben, gehen wir spazieren oder sitzen einfach da und schauen in die Sterne. Wir nehmen uns die Zeit dafür, spontan, wenn uns danach ist. Unseren Alltag verplanen wir nicht mehr. Jetzt würden bestimmt Jüngere sagen, dass man das im Alter machen kann, jedoch nicht in jungen Jahren. Ehrlich, wenn ich die Zeit zurückdrehen könnte, würde ich vieles anders machen. Klar müsste ich auch Arbeitszeiten einhalten und verschiedene Termine, doch die Zeit dazwischen, die Zeit. die ich mit mir selbst verbringen möchte und mit meinen Freunden, würde ich anders angehen."

Mirko schaute etwas verstört. „Dann warst du nicht zufrieden mit deinem Leben?"

Lynn schnaubte auf. „Nein, so hat es Georg nicht gemeint. Schau, ich bin jünger als Georg und habe jetzt schon die Erkenntnis erlangt, dass man nicht alles verplanen muss im Leben. Wenn ich Lust habe, heute nichts zu tun, dann mache ich es eben. Sollte ich mir mal etwas vorgenommen haben und ich schaffe es nicht, dann ist das eben so. Es gibt noch andere Tage, an denen ich es erledigen kann."

Mirko kicherte los. „Es ist alles eine Sache der Einstellung. Wie ich immer wieder sage. Eigentlich sollten die Menschen hin und wieder mal den Terminplaner weglegen und etwas spontan unternehmen. Einen Termin, den man eingetragen hat, kann man auch auf einen anderen Tag setzen. Wenn man mal etwas Spontanes zulässt, hat man viel mehr Freude im Leben. Sicher hattet ihr alle für heute Abend auch etwas anderes geplant, als hier mit Georg im Garten zu sitzen, und trotz allem seid ihr hier."

Malu sah zu Wisal, der es sich mitten auf der Tischplatte gemütlich gemacht hatte. „Egal, was der eine oder andere heute vorhatte, auch wenn sich sein Weg geändert hat, sehe ich doch, dass alle zufrieden und glücklich sind. Also ist es doch nicht schlimm, von seinem Weg, den man eigentlich gerade gehen wollte, abzuweichen. Später kann man ja wieder zurückgehen, doch einfach mal den anderen Weg gehen und sehen, was so alles auf einen zukommt, bereichert das Leben sicher viel mehr. Das Ungewisse zulassen und sich daran zu erfreuen. **Wege sind dazu da, um gegangen zu werden. Doch keiner schreibt uns vor, dass wir nicht mehrere Wege ausprobieren können und auch zurückgehen dürfen. Denn Wege machen wir uns selbst**."

Zacharias griff in seine Hemdtasche und holte die Mundharmonika heraus. Kurz darauf erklangen die ersten Töne und alle saßen sie zusammen, ließen die Melodie auf sich wirken und spürten die Magie des Lebens.

Magie des Lebens

Malu hing an seinem Felsvorsprung in der Höhle und lugte durch seine Flügel. Irgendetwas hatte ihn geweckt. Ein Geräusch, das er so nicht in Erinnerung hatte. Vorsichtig sah er sich um. „Mirko!“ rief er leise. „Hörst du das auch? Wo bist du?“

Flüsternd kam es zurück: „Hier, neben dir. Es brummelt schon den ganzen Tag so komisch im Berg. Ob das ein Erdbeben ist?“

„Nein, dann müssten auch die Felswände vibrieren, es ist nur ein Geräusch, das tief aus der Höhle kommt. Was meinst du, wollen wir mal nachschauen, was es ist und woher es kommt?“

„Ehrlich, das ist unheimlich. Wir würden uns ins Ungewisse begeben.“

„Mensch, Mirko, jetzt sei nicht so feige. Wir werden noch lange hier hängen und darüber grübeln was es ist, wenn wir nicht nachschauen gehen. Also, ich wage es einfach.“

Plötzlich flackerte ein heller Lichtpunkt vor ihnen auf und Malu faltete voller Freude die Schwingen auf. „Schau, Mirko, immer wenn man es nicht erwartet, kommt unser kleiner Lichtpunkt in Form von Raja, dem Hoffnungslicht, daher. Hallo, Raja, du kommst genau richtig, um uns unseren Weg zu erleuchten.“

Raja flackerte hell auf. „Hallo ihr zwei. Ich bin voller Energie und bereit für jeden Schabernack. Was gibt es denn?“

Mirko lauschte in die Höhle. „Hör, Raja. Hörst du das Geräusch. Es grummelt schon den ganzen Tag durch den

Fels und Malu möchte nachschauen, was da im Berg verborgen scheint."

„Na, dann lass uns nachschauen. Wenn wir es nicht tun, werden wir nie erfahren, was es ist."

Malu nickte lächelnd. „Weise Worte, sag ich doch die ganze Zeit. Mirko, du kannst gerne hier Schmiere stehen. Raja und ich flattern jetzt mal tiefer in den Berg, um dem Geräusch auf die Spur zu kommen."

„Ha das könnte euch so passen, natürlich werde ich euch folgen. Einer muss ja auf euch beide aufpassen."

Raja und Malu flogen zwischen zwei Felsspalten tiefer in den Berg hinein. Bizarre Felsformationen erschienen vor ihnen. Stalaktiten hingen von der Höhlendecke und Stalagmiten wuchsen am Höhlenboden empor. Diese Tropfsteine machten die Höhlenwelt zu etwas Besonderen. Durch das Licht von Raja glitzerten und funkelten die Wände. „Schau mal, wie magisch diese Höhlenwelt wirkt. Da flattere ich jede Nacht raus aus der Höhle, anstatt mir auch mal die Welt im Inneren der Erde anzuschauen. Man sollte sich Zeit dafür nehmen, sich doch mal das Verborgene anzusehen."

Raja lachte. „Lausche mal. Neben dem komischen Brummen. Hörst du, wie die Wassertropfen nachhallen, wenn sie sich vom Fels lösen? Es ist der Klang der Erde. Dieser Hall, der durch den Fels rauscht, und diese Frische, die hier herrscht. Nimm den Duft wahr. Es ist nicht Feuchtigkeit oder Moder, wie viele es bezeichnen würden. Es ist der reine Duft des Lebens."

Fasziniert flatterte Malu weiter. Plötzlich ertönte wieder ein tiefes Rumpeln und vor Schreck krachte Malu gegen einen der Tropfsteine, die von der Decke hingen. „Ups, der war im Weg." Langsam rutschte er daran herunter.

Raja musste lachen. „Das sieht lustig aus, wie du daran klebst. Ich dachte immer, Fledermäuse haben einen Radar und weichen jedem Objekt aus. Da scheint bei dir was falsch programmiert zu sein."

„Sehr witzig, Raja, komm mal hier runter. Ich glaube, ich habe was gefunden."

Raja ließ sich zu Malu nieder, der am unteren Ende am Tropfstein hing. „Oh schau mal, ein Babydrache. Ist der nicht süß." Raja schwirrte um den Kleinen herum, der am Boden saß. „Huhu, wer bist du? Machst du hier diesen Krach?"

Das Geschöpf hob sehr langsam seinen Kopf. „Ich mache keinen Krach, ich liege hier und genieße. Ich bin ein Grottenolm, weit weg vom Sinnbild des Drachen. Mein Leben spielt sich in meinen Gedanken ab. Da ich blind bin, kann ich euch nicht sehen. Doch ich spüre euch."

„Hast du auch einen Namen?"

„Nennt mich Hugo."

„Hallo Hugo, du siehst ja komisch aus, so glitschig", sagte Malu. „Doch du hast dir einen kraftvollen Namen ausgesucht, der deinen Geist wohl sehr gut beschreibt. Wenn du immer hier im Dunkeln lebst und auch nichts siehst, denke ich mir, dass deine anderen Sinne sehr ausgeprägt sind."

Raja flackerte. „Mit Verstand denkender Geist. Na, das wollen wir doch mal überprüfen. Kannst du uns vielleicht etwas weiterhelfen? Es gibt da schon lange eine Frage, die mir auf der Seele liegt."

Hugo bewegte sich kaum wahrnehmbar nach vorne. „Gerne helfe ich euch weiter. Wenn es um das Geräusch geht, dann kann ich euch sagen, dass es immer da ist. Es ist der Herzschlag der Erde. Dass er bis zu euch nach oben drang, ist ungewöhnlich, doch wahrscheinlich rief sie euch zu uns, in die Finsternis. Warum? Fragt nicht. Manches muss man einfach nur akzeptieren, ohne es groß zu hinterfragen. Es annehmen."

„Huhu, ich bin auch hier", erklang es neben Malu. Mirko seilte sich von der Stalaktite herab. „Oh ein Grottenolm. Das sind Höhlenwesen. Ich kenne sie. Bedauerliche Geschöpfe, die ein bis zu 100jähriges Leben haben, jedoch nichts sehen und sich immer im Stadium der Larvenform befinden. Ich habe mal gehört, dass ihr nicht gerade die Schnellsten seid und euch im Durchschnitt gerade mal fünf Meter im Jahr bewegt. Also viel Zeit zum Nachdenken habt."

Malu verdrehte die Augen. „Danke, Mirko, für deine ausführliche Studie zu Hugo." An Hugo gewandt sagte Malu: „Darf ich vorstellen, Mirko unsere Spinne, die meist alles besser weiß und doch nicht alles beantworten kann."

„Ha, ha, sehr witzig, Malu."

Hugo räusperte sich. „Raja, was hattest du für eine Frage an mich? Vielleicht kann ich helfen."

Raja ließ sich vor Hugo nieder und sah ihn an. „Was ist die Magie des Lebens?"

Es wurde still in der Höhle. Es war als würde Mutter Erde die Luft anhalten. Dann, ganz langsam, erklang ein gleichmäßiges dumpfes Klopfen. „Die Magie des Lebens ist alles, was in uns und um uns herum ist." Hugo atmete tief durch. „Es ist das, was wir zulassen zu sehen. Das, was wir zulassen zu spüren und auch zu hören. Es bedarf keiner Augen, auch keines Mundes oder Ohren – die Magie des

Lebens ist ein Gefühl. Es ist das Gefühl der Freude, der Trauer, des Schmerzes und vor allem der Hoffnung. Du, Raja, als Hoffnungslicht bist ein Teil davon. Malu, du als Botschafter, und du, Mirko, der als Spinne für die Schicksalsfäden zuständig ist, ein weiterer. Ich möchte euch von der Magie des Lebens erzählen. Macht es euch bequem und lauscht dem Herzschlag der Erde."

Raja, Malu und Mirko ließen sich auf einen kleinen Vorsprung nieder und sahen Hugo an. Sie hörten und fühlten den Puls der Mutter Erde durch ihren Körper fließen. Die Wände der Höhle fingen an zu glitzern, als würden sich abertausende Sterne darauf niederlassen. Eine Wunderwelt der Stille entstand, nur durchbrochen vom dumpfen Schlag des Herzens. Hugo fing an zu erzählen. „Seht das Lächeln im Gesicht der Mutter, wenn die ersten Schreie ihres Kindes erklingen. Achtet auf den Jungen am Fluss, der schwankend auf dem Steg steht und seine Hand vertrauensvoll in eure legt. Hört die Lieder des Windes, wenn er um euer Haus fegt. Das Rascheln der Blätter, wenn der Wind sie bewegt. Spürt die zarte Berührung, die er auf eurer Haut hinterlässt. Erkennt die kleinen Hinweise, die euch die Magie des Lebens mit auf den Weg gibt. Im Schmerz kann es ein kleiner Schmetterling oder ein Vogel sein, der um euch fliegt. Seid ihr in Gefahr, hört auf eure innere Stimme, auf das ungute Gefühl, das euren Körper in Besitz nimmt. Seid ihr traurig oder habt ihr einen Verlust erlitten, der euch das Herz brechen lässt, achtet auf die kleinen Zeichen, die euch sagen wollen, nichts ist vergänglich, solange man es in Erinnerung hält. Seid ihr glücklich, seht euch um. Ihr werdet feststellen, dass euer Glück abfärbt und die Welt um euch herum direkt bunter wird.

Lacht so oft und viel ihr könnt und merkt, wie euer gestresstes Herz leichter wird. Beobachtet das kleine Samenkorn, das sich aus der Erde quält und in nicht all zu langer Zeit zu einer wunderschönen Blume heranwächst. Schätzt die Bäume, sie sind pure Magie der Lebenskunst. Lasst es zu, dass ihr Träume und Wünsche habt, egal, wie verrückt sie sind. Legt Wert auf jedes kleinste Lebewesen, denn jedes hat seine Daseinsberechtigung und seinen Sinn auf Erden. Auch Wasser ist nicht nur Wasser, sondern Lebensmagie. Beobachtet, wie im Fluss das Wasser über die Steine fließt, am Meer wie die Wellen an die Klippen schlagen, in einem Glas, wie friedvoll es aussieht. Hört die Melodie der Stille, im lauten Alltag, in der Natur und in euch drin. Sie ist überall zu finden, wenn wir bereit sind, ihr zu lauschen. Jedes Lebewesen, egal, ob Mensch oder Tier, hat die Magie des Lebens in sich. Wir müssen nur zulassen, dass wir sie spüren."

Raja und Malu seufzten tief auf. „Oh, wie schön. Warum verstehen oder sehen viele Menschen diese Magie nicht?"

„Raja, es ist wie mit dir. Hoffnung und Magie sind gar nicht so verschieden, sie hängen sehr eng zusammen. Der Mensch muss daran glauben. Menschen sind sehr kritisch und sehen vieles als selbstverständlich oder als Zufall an, obwohl doch ein klitzekleines bisschen Magie mit am Werk war. Sie verlieren schnell die Hoffnung und trotz allem gehen sie ihren Weg weiter. Warum? Weil in ihren Inneren die Hoffnung aufleuchtet, auch wenn sie es nicht wahrhaben wollen."

Malu streckte seine Schwingen. „Es ist wie mit dem Herzschlag der Erde. Man muss sich darauf einlassen, nur dann kann man ihn hören und fühlen. **Die Magie des Le-**

bens ist in uns und bei vielen verschiedenen Augenblicken hält sie unsere Hand im Leben, um uns sicher hindurch zu führen.“

Hugo lauschte. „Hört ihr, der Herzschlag der Erde wird wieder leiser. Es ist Zeit für euch, nach oben zu gehen. Gerne könnt ihr mich wieder einmal besuchen. Doch vor allem vergesst mich nicht.“

Malu flatterte auf, gefolgt von einem tanzenden Licht, das um ihn her flog. Mirko kletterte geschwind durch Ritzen und Spalten an die Oberfläche. Raja jubelte auf und ihr helles Lachen erklang durch die Höhle. Malu flog Loopings und schrie freudig durch die Höhle. „Es ist so schön, wenn man weiß, dass man die Magie des Lebens im Herzen trägt.“

Das Geheimnis des kleinen Lichts

„Woooow. Was ist denn heute hier los?“ Malu flatterte aus der Höhle und sah nix. Ein dichter Nebel lag über dem Wald.

Mirko hing in seinem Netz und schaute Malu entgegen. „Malu, es ist schon den ganzen Tag trübe gewesen. Der Nebel wird jetzt sogar noch dichter. Pass auf, wenn du in den Wald fliegst.“

Malu lachte. „Klar, mach ich. Will ja nicht gegen einen Baum krachen.“ Flugs flatterte er los und musste schon haarscharf dem ersten Baum ausweichen. Mit Müh und Not fand er den Weg zu Valeska, der Eiche. Dort hängte er sich in die Äste und sah sich um. Er sah nichts. „Ui, irgendwie echt gruselig heute Nacht“, flüsterte er.

„Huiiiiiii, ich bin das Nebelgespenst!“

Malu schrak zusammen und fiel fast vom Ast. „Menno, Sophia ich finde das jetzt nicht lustig, mich so zu erschrecken. Schau dir mal diese Suppe an. Man erkennt seinen eigenen Flügel nicht mehr und was heißt hier Nebelgespenst?“

Sophia kicherte los. „Ach Malu, es ist schön, in diesem Nebel zu fliegen. So leise und rein und etwas feucht. Naja, das nehme ich gerne hin.“

„Ja, du hast recht. Es ist stiller als sonst. Irgendwie so, als würde der Nebel alle Geräusche verschlucken.“

„Komm, lass uns zu Georg flattern. Mal sehen, was er dazu sagt.“

Malu verdrehte die Augen und grummelte. „Wenn wir den Weg dahin finden durch diese Milchsuppe.“ Er hielt sich im Windschatten von Sophia und plötzlich sahen sie ein gedämpftes Licht, auf das sie zuflogen.

„Huch, jetzt habt ihr uns aber erschreckt“, erklang Georgs Stimme. „Dass ihr den Weg zu mir gefunden habt ...“

Malu hängte sich an die Veranda. „Guten Abend, Georg. Oh, und Morla ist auch da. Hallo. Ja, wir haben den Weg gefunden, doch es ist wirklich dichter Nebel heute Nacht.“

Morla sah Sophia und Malu an. „Ja, er ist sehr dicht, doch hat er auch etwas sehr Fantastisches und Geheimnisvolles an sich.“

„Geheimnisvolles?“ Malu legte die Stirn kraus.

„Macht es euch gemütlich, dann erzähle ich euch vom Nebel.“

Georg schmunzelte. „Ja, Morla, erzähle uns vom Nebel und den Nebelgeistern.“

Morla räusperte sich. „Ein kalter, nasser Tag zieht heran. Nebel bildet sich über den Feldern und Wäldern. Unerwartet legt sich diese Nebelwand über dein Leben und nimmt dich ein. Der Nebel bringt Stille, jedoch auch Unruhe. Man fühlt sich wie in eine Hülle gepackt, die nichts durchdringt. Man versucht hindurchzusehen, doch weit reicht der Blick nicht. Obwohl das Licht da ist, außerhalb dieser Nebelwand, ist es weit entfernt. Diese Nebelwand legt sich über dich, wie eine Decke. Sie birgt viele Geheimnisse in sich.“

Morla machte eine Pause und sah in den Nebel. Es herrschte eine gespenstische Stille.

„Was für Geheimnisse?“, fragte Malu.

„Warte es ab, das erfährst du gleich.“ Georg schmunzelte, weil Malu es wieder nicht abwarten konnte.

Morla atmete tief ein. „Nebel ist Leben. Nebel kommt auf, um uns wieder zu lehren, besser zu sehen. Wir müssen uns anstrengen, um etwas zu erkennen. Intensiver unsere anderen Sinne einsetzen. Höre hinein in die Stille des Nebels und du wirst dein eigenes Herz klopfen hören, doch alle anderen Geräusche sind gedämpft. Atme tief ein. Der Nebel ist frisch und feucht, schmecke ihn und dann schau hindurch."

„Wie, hindurchsehen? Verstehst du das, Sophia?"

„Ja, ich weiß, was Morla uns sagen will. Schau durch den Nebel. Dein Inneres weiß, dass es hinter dem Nebel etwas gibt, und wenn du dich ganz sehr anstrengst, wirst du es sehen."

Morla lächelte Malu zu. „Das Wesentliche ist für die Augen unsichtbar. Der Nebel mag dir unheimlich erscheinen, doch er birgt ein großes Geheimnis. Es ist das Geheimnis des kleinen Lichts."

Malu riss die Augen auf. „Woooow, du hast Recht. Egal, wie viel Nebel um uns herum ist, wir wissen, dass das Licht da ist. In uns wissen wir es. Es ist immer da, auch wenn wir es manchmal nicht sehen können. Genau wie die Sonne und der Mond, wenn sie sich hinter den Wolken verstecken, wissen wir doch, dass sie da sind. Jede Wolke hat ihre Sonnen- oder Mondseite."

Georg schmunzelte. „Der Nebel verbirgt nur das Licht. Schau genau hin, er ist milchig, weiß und hell. Nicht dunkel oder schwarz. Geheimnisvoll legt sich der Nebel um das kleine Licht, damit es in Geborgenheit Kraft schöpfen kann. Es ist immer da. Nebel ist Leben. Sprecht mal beide Worte von hinten. Ja, jetzt staunst du, Malu."

Malu sah Sophia an. „Das ist wirklich geheimnisvoll. **Leben ist Nebel und Nebel ist Leben und das kleine Licht lässt beides erstrahlen, wenn wir nur dazu bereit**

sind, auch unsere anderen Sinne einzusetzen und uns eine Auszeit gönnen, um wieder richtig zu sehen.“

Malu schwang sich auf die Verandabrüstung und sah nach oben. „Schaut, da lugt ein Sternchen hervor zwischen der Nebelwand. Es ist sehr schwach zu sehen, doch es ist da.“

Alle schauten nach oben. Ganz langsam zogen die Nebelschwaden weiter, wurden dünner und bald kam ein sternenklarer Himmel zum Vorschein. Sophia lächelte. „Schaut, es ist wie das Leben. Manchmal hängt sich eine Nebelwand über das Dasein, doch irgendwann lichtet sie sich wieder und gibt das Licht frei. Das kleine Licht ist immer da. Auch wenn es manchmal verborgen und verloren erscheint. Das kleine Licht ist Hoffnung, Kraft, Zuversicht und Stärke.“ Noch sehr lange saßen die vier zusammen und bestaunten die letzten Nebelschwaden, wie sie sich langsam verzogen und eine fantastische Welt voll Licht zurückließen.

Erinnerungen

Das Jahr neigte sich dem Ende zu und die Tage wurden kürzer. Langsam fingen die Bäume an, ihr farbenprächtiges Kleid anzulegen. Die Temperaturen sanken am Abend schon rapide.
Sophia landete lautlos am Höhleneingang. „Mirko, Malu kommt. Es ist Zeit."

Mirko krabbelte in ihr Gefieder und Malu kam geschwind aus der Höhle. Schweigend flogen sie in den Wald hinein. Vor ihnen tauchte Valeska, die alte Eiche, auf. Sie suchten sich einen besonders starken Ast und ließen sich darauf nieder. „Ist es schon wieder so weit?"

„Ja, Malu, ein Jahr ist wieder vorbei. Dieses Jahr war für alle Menschen besonders schwierig und für Tier und Pflanzenwelt ein kurzes Aufatmen."

Mirko schaute beide mit gerunzelter Stirn an. „Jetzt sitzen wir wieder hier auf unserem Lieblingsbaum. Wisst ihr, immer wenn wir hier angekommen sind, weiß ich, dass alles weitergeht, egal, was noch auf uns zukommt. Alles wendet sich irgendwann wieder dem Guten zu."

„Mir kommt es noch gar nicht so lange vor, als wir die Tierversammlung auf der großen Lichtung hatten. Es wurden so viele Themen angesprochen und wieder in Erinnerung gerufen."

„Genau, Malu und vor allem dein Ansinnen an den Menschen war sehr bewegend."

„Was hast du denn gesagt? Ich war ja nicht dabei", fragte Mirko.

Malu sah durch das Blätterzelt in die Sterne. **„Lieber Mensch, lass uns in deine Träume und Gedanken.**

Wenn du uns hören kannst, dann wisse, wir sind das Leben, die Natur und deren Bewohner. Nimm dir Zeit, spaziere in die Natur, schaue mit offenem Herzen und lausche den Stimmen des Lebens. Genieße die Kraft des Windes bei Sturm. Lass dich von ihm tragen und lehne dich nicht dagegen auf. Spüre die Kraft des Regens, tanze unter den Tropfen und erlebe die Energie und das Aufatmen der Natur, wenn der Regen auf sie trifft. Leg dich auf die Wiese am Abend und beobachte das gigantische Sternenzelt am Himmel. Höre die Stille, die sich mit der Nacht hereinsenkt und Frieden bringt. Die Stille, die voll ist mit dem magischen Gesang der Dunkelheit. Lausche auf uns Tiere, sieh in unser Herz und nimm uns unsere Sorgen. Beobachte den Bussard im Flug auf der Jagd am Himmel oder schau auf das Vorbeiflitzen der schwarzen kleinen Fledermäuse in der Abenddämmerung. Geh in den Wald und umarme einen Baum und spüre die Magie des Lebens. Dies ist der Atem des Lebens, den du als Mensch schützen musst. Lerne ihn lieben, lerne dich selbst lieben, lass ihn in dein Herz. Dies ist unsere Bitte an dich."

„Wow, wie schön. Meinst du, die Menschen werden dies tun?" Sophia schmunzelte.

„Es ist nicht Voraussetzung, dass es alle tun. Schon Einzelne reichen, um etwas zu verändern und auf diese bauen wir auf."

Schweigend sahen sie sich an. Plötzlich lachte Malu laut. „Das Beste war, als Wisal diesen Roboter gefunden hat. Mensch, was war das wieder für eine Aufregung. Am Anfang wollte er unbedingt ein Roboter sein und dann fand er alles doof."

„Wer will schon ein Roboter sein und immer alles machen, was man ihm sagt? Das ist doch voll daneben.“ Mirko grummelte.

Sophia plusterte sich auf. **„So ist es. Es ist viel besser, selbst zu entscheiden, was man tun möchte und sollte. Auch wenn es oftmals etwas falsch ist, lehrt es uns doch an Erfahrungen. Wenn wir immer gesagt bekommen würden, was wir machen sollen, wie sollen wir dann Erfahrungen sammeln und unser eigenes Wesen entwickeln?“**

„Wir dürfen jedoch auch nicht vergessen, dass die Erfindung des Roboters auch gute Seiten hat. Zum Beispiel im medizinischen Bereich und besonders bei Menschen mit Handicaps.“

Schweigend saßen sie einen Augenblick beisammen.

„Sehr nachdenklich hat mich die Begegnung in den frühen Morgenstunden mit Georg und seiner Nichte Gina gemacht“, sagte Malu dann. „Sie saßen lange auf dieser Bank, am Fuße unserer Eiche. Ich habe das beobachtet. Es war wie Generationenverschmelzung. Wenn es so etwas überhaupt gibt. Doch die kleine Gina hat zumindest zugehört und auch sie hat, wie Georg, die Magie des Lebens besonders stark in sich. Wir können so viel von den Älteren lernen, wenn wir uns die Zeit nehmen, intensiv zuzuhören.“

Mirko räusperte sich. „Man kennt Georgs Lebensgeschichte bereits und trotz allem lauscht man ihr immer wieder gerne. Sie zeugt von Kraft und Hoffnung. Genau das, was jeder brauchen kann. Wie sagt er immer? **Egal, wie viel dunkle Erfahrungen das Leben überschattet, wenn man bewusst die kleinen, schönen Augenblicke**

herauspickt und zusammensetzt, ist diese helle Lebensspanne viel länger. Jammern kostet Zeit, die man sinnvoller verbringen kann.“

Mirko fing an, Fäden zu spannen.

„Was machst du da?“, fragte Malu.

„Mmh ich mach es mir bequem. Schau.“ Er webte geschwind weiter. Es sah aus wie eine kleine Hängematte und er krabbelte hinein. „Schwupps, bequem. Wisst ihr noch, als uns Morla den vergessenen Brief ihrer Großmutter vorlas? Das fand ich wunderschön. Es kommt nicht darauf an, wann einen eine Antwort auf seine Fragen erreicht. Wichtig ist, dass sie überhaupt kommt.“

„Das war sehr bewegend“, stimmte Malu zu. „Ihre Oma war ein schlauer Mensch. Sie hat die Frage, was Leben ist, gut beantwortet. Eine hochkomplexe Frage und doch so einfach zu beantworten. **Suche das Leben in dir und um dich herum in der Magie der Natur. Denn das ist Leben – eins sein mit dem Atem der Welt.**“

Sophia lachte. „Gerade erinnere ich mich an eine verrückte Sache. Ich sage nur Guillermo.“

„Boah, das war cool, wie wir ihn gerettet haben und dann auch noch Fynn, den Grashüpfer, kennenlernten. Doch die wirklich wichtige Sache daran war, dass wir den Unsinn der Steingärten aufgedeckt haben. Ich denke da nur an das Gesicht des Mannes, als er von der Vorliebe der Schlangen erfuhr, dass sie gerne auf warmen Steinen ein Sonnenbad nehmen“, gluckste Malu.

„Ganz toll fand ich die Idee von Lynn mit der Lavendelwiese. Erst mal duftet es gut, sieht gut aus und die kleinen Sammler haben auch ihre Freude dran.“

„Sophia, und was wichtig ist, Guillermo hat nun eine Aufgabe, als Wächter über die Lavendelwiese."

Mirko schaukelte in seiner Hängematte hin und her. „Im Sommer werde ich mir so eine Hängematte über die Wiese spannen und alles beobachten."

„Was haben wir daraus gelernt, aus dem Erlebnis mit Guillermo?", folgerte Malu. **„Die Natur und ihre Magie sind das wichtigste auf dieser Erde. Wenn sie nicht mehr ist – gibt es auch den Menschen nicht mehr."**

Es zischte in der Luft und Imani, der Bussard, rauschte herbei. „Guten Abend. Na, schwelgt ihr in Erinnerungen?"

„Hallo Imani. Erinnerungen sind so schön. Wir lachen gerade über so manch ein Erlebnis."

„Oh, darf ich mich dazugesellen oder wollt ihr unter euch bleiben?"

Malu sah seine beiden Freunde an. „Gerne, Imani. Es ist immer Platz für einen weiteren Freund in unserer Runde."

Imani lächelte alle an. „Gerade traf ich Josef, den Förster. Er war mit Sam und Ben unterwegs. Der Kleine hat sich gut gemacht."

Malu seufzte. „Das war ein schlimmes Erlebnis, doch mit einem guten Ausgang. Es war so traurig, was dem kleinen Ben widerfahren ist. Menschen können so grausam sein."

Sophia legte den Kopf schief. „Das mag sein. Doch nicht alle sind so und somit gibt es immer welche, die sich für das Gute einsetzen. Das wichtigste ist, dass Ben nun glücklich ist. Er wird sicher das Erlebte nicht vergessen, doch er hat eine zweite Chance bekommen. **Reagieren anstatt ignorieren und auf die kleinen Dinge achten, um ihnen im Notfall Hilfe zu gewähren**."

„Das erinnert mich an Gabriel, den Pubertätsfall", lachte Malu. „Da war es auch wichtig, zu reagieren und nicht zu ignorieren. Seine Gefühle waren so durcheinandergeraten. Sein Vater hatte wirklich eine schwere Last zu tragen."

„Das mag wohl sein. Doch wichtig war bei dieser Begegnung, die Einsicht zu erlangen, ihn nicht einfach zu verurteilen, sondern die Hintergründe, das Wieso und Warum, zu verstehen."

Sophia sah Imani an. „Du beobachtest sicher viele solcher Situationen, wenn du über das Land fliegst."

„Das stimmt. Es ist oftmals traurig, dass sie ihre Kinder verurteilen, bevor sie überhaupt daran denken, erst mal zu fragen, was dahintersteckt. Sie nehmen sich keine Zeit dafür. Doch wenn sie es dann tun, wird ihnen oftmals so einiges klar."

„Es ist gut, dass viele Eltern bereit sind, auch mal etwas zu hinterfragen. Auch wenn es oft etwas länger dauert. Das Leben der Menschen ist sehr konfus. Sie haben oft so viele andere Dinge im Kopf, dass sie unbewusst die Gefühle ihrer Kinder gar nicht mehr mitbekommen."

„Schön fand ich, was sein Papa am Ende gesagt hat: ***Merke dir, wenn du einmal nicht mehr weiter weißt, dann geh in den Wald und spüre die Magie der Natur. Wenn du Glück hast, zeigt sich Malu und gibt dir Kraft, das weitere Leben zu meistern.***"

Schweigen herrschte eine Zeit. Im Wald knackte ein Ast und man hörte ihn zu Boden fallen.

Malu seufzte tief auf. „Dieses Geräusch erinnert mich an Wisal. Er war so traurig, als unser großer Gigant durch den Sturm fiel. Das ging mir total ins Herz."

„Gut dass wir Orenda haben, die immer mit einer passenden Geschichte helfen kann“, sagte Imani.

„Also, ich fand die Geschichte von der kleinen Hirschkäferdame Hiwa sehr schön. Auch wenn es irgendwie traurig war. Doch es zeigte wieder mal, dass schon ein einzelner Mensch viel bewegen kann.“

Mirko schnaubte „Es zeigte uns auch, wie wichtig ein gefallener Baum noch ist und dass er auch dann noch viel Leben spendet. Das dürfen wir hier nicht vergessen zu erwähnen. **Bäume sind so wichtig für unsere Natur. Es ist egal, ob sie stehen oder liegen, in jeder Form schenken sie unsagbar viel Leben**.“

„Ich sehe jeden Tag, wie Wisal einmal bei unserem Giganten vorbeigeht und nachschaut, das sich auch wirklich kein Mensch daran vergriffen hat. Ich denke, sollte es einer wagen, wird es den ersten Angriff auf einen Menschen von einem Waschbären geben.“

Malu kicherte. „Dann käme er zum Wolf auf die Liste. Wisal, der gefährlichste Waschbär der Welt, Beschützer des Todholzes und Verteidiger der Käfer.“

Alle lachten herzlich mit Malu. Es war so schön, in Erinnerungen zu schwelgen.

Malu seufzte tief auf. „Wenn ich jetzt so hier bei euch sitze, denke ich an Klara. Sie ist so etwas Besonderes. Sie kann diese Schönheit, von der wir hier umgeben sind, nicht mit ihren Augen sehen und doch kennt und fühlt sie die Magie der Natur.“

„Wir haben so viele Sinne. Sie richtig zu nutzen und einzusetzen, ist eine hohe Kunst. Wahrnehmen und etwas fühlen kann man auf den verschiedensten Arten.“

Sophia gurrte. „Was ich besonders schön finde, ist, dass sie nun Freunde gefunden hat, die sie so nehmen, wie sie ist. Das ist sehr wichtig im Leben, dass auch diese Menschen, die kleine Besonderheiten haben, geschätzt und anerkannt werden.“

„Genau, es ist egal, welches Handicap jemand hat. Wichtig ist, dass wir ihn damit akzeptieren und vor allem es verstehen. Wenn wir uns hineinversetzen und selbst mal spüren, mit welchen Schwierigkeiten er sein Leben meistert, dann merken wir, dass eine ungeheure Kraft in dieser Person steckt.“

Mirko schaukelte in seiner Hängematte und starrte den Mond durch das Blätterdach der Eiche an. „Schaut ihn euch an, ist er nicht wunderschön? Jeden Abend geht er auf, um über sie zu wachen.“

Imani sah Mirko an. „Wie der Mond bei Nacht die Sterne bewacht, so gibt die Sonne ihr Licht, um sie erstrahlen zu lassen. Es ist traurig, dass sich die beiden nie treffen, sie hätten sich sicher viel zu erzählen. Ich glaube, dass so eine Unsterblichkeit nicht sehr schön ist.“

Malu atmete tief aus. „Das, was uns Georg in dieser Nacht gesagt hat, hat mich sehr bewegt. Mit den helfenden Händen, wenn eine Lebenszeit abgelaufen ist. Dass keiner alleine zu den Sternen gehen muss. Diese Würde, die wichtig ist, wenn der Tag X gekommen ist. Das hat mich sehr lange beschäftigt. Als er uns von Tatjana erzählt hat, die es sich zur Aufgabe gemacht hat, diese helfende Hand zu sein. Es ist so bewundernswert. Was hat Georg über den Mond und die Sonne zu dir gesagt, Mirko?“

„Das habe ich noch fest in meinem Kopf. ***Sieh es als ein Aufsteigen in den Himmel. Bewacht und beschützt vom***

Mond und auch der Sonne werden diese Seelen immer in den Erinnerungen und den Herzen der Zurückgebliebenen bleiben. Dies ist auch der Sinn, warum Sonne und Mond unsterblich sind. Die Sonne gibt den Sternen, den aufgestiegenen Seelen, das Licht zum Erstrahlen und der Mond hält schützend die Hand über sie.“

Malu lauschte in den Wald. Da kam etwas näher. „Also, anschleichen wird wohl nie seine Stärke sein. Achtung, Wisal schleicht heran.“

Alle lachten, als es im Unterholz knackte und Wisal daraus hervorbrach. „Hey, ihr da oben, was macht ihr da?“

„Wir schwelgen in Erinnerungen.“

„Oh, darf ich dabei sein? Nur ich komme nicht bis zu euch rauf. Könnt ihr etwas weiter runter kommen?“

Mirko stöhnte. „Naja, was soll‘s, ich spinne etwas tiefer eine neue Hängematte.“ Er rappelte sich auf und huschte hinab. Dann fing er an, etwas Neues zu weben.

Sophia, Imani und Malu flatterten tiefer und sahen erstaunt Mirko an. „Was wird das?“, fragte Wisal.

„Mmm, es sieht aus … Tja, schaut euch dieses kleine Genie an … eine Schaukel.“

Alle lachten, als Mirko sich auf seine gewebte Schaukel setzte und sich anschubste.

„Oh, ich möchte auch gerne eine Schaukel hier bei Valeska“, grummelte Wisal.

„Also ich kann dir keine weben, meine Fäden sind zwar sehr stark, doch einem Waschbär würden sie nicht standhalten. Da musst du schon die Kinder fragen.“

„Apropos Kinder, ich habe gestern diese Deckenfamilie besucht.“

„Was für eine Familie, Wisal?“

„Na Jaro und Aylin. Die sind doch so eine Decke, wie Orenda sie hat. Diese megatolle mit den bunten Flicken.“

Sophia schmunzelte. „**Ach, du meinst unsere Patchworkfamilie. Weißt du denn auch noch, warum sie so genannt werden?**“

„**Ja klar, Jaro und Aylin sind Geschwister im Herzen, denn sie haben eine sehr schwere Zeit durchgemacht, um etwas sehr Wertvolles zu erlangen – eine Familie.**“

Alle schauten erstaunt Wisal an. Der kleine Kerl mochte zwar öfters etwas chaotisch sein, doch er hörte zu und passte auf.

„Ich erinnere mich gerade an den tollen Traum, den Malu mit uns teilte. Den er während seines letzten Winterschlafs träumte. Das fand ich so toll, Malu, dass du ihn mit uns geteilt hast.“

„Wisal, es war ein besonderer Traum und er hatte **dieses Gefühl, dieses Gefühl, das einen weinen und lachen zugleich lässt? Es war so befreiend, ich kann es nicht in Worte fassen. Sicher hat jeder schon einmal dieses Gefühl in sich aufsteigen gespürt. Doch wisst ihr, was die Kunst daran ist? Es auch zuzulassen, dass es ausbricht.** Der Traum war pure Magie und so realistisch. Ich hoffe sehr, dass ich in dem vor mir liegenden Winterschlaf wieder so einen genialen Traum haben werde.“

„Warum und wieso schwelgen wir denn hier in Erinnerungen?“, fragte Wisal.

Malu lachte. „Es braucht doch nicht immer alles einen Grund zu haben. Man muss nicht alles hinterfragen und auf Antworten warten, die einem sowieso nur weitere Fragen aufkommen lassen. Georg hat es sehr schön in Worte gefasst, als wir mit ihm über den Sinn des Lebens gesprochen haben."

„Ja, er hat das perfekt gesagt", stimmte Mirko zu. ***„Der Sinn des Lebens besteht nicht darin, Fragen zu stellen und Antworten zu erwarten – nein – der Sinn des Lebens bist du, dein Wesen, dein Inneres, dein Herz das dich das Leben erleben lässt***. Dass wir heute hier sitzen und Erinnerungen nachhängen … der Grund ist, dass es uns Spaß macht und die Erinnerungen kommen aus unseren Inneren. Es ist zusammen Freude empfinden, doch auch traurige Momente noch einmal zusammen auf uns wirken lassen."

Alle schauten sie nachdenklich in den Himmel und ließen Mirkos Worte noch etwas sacken.

Malu fing leise an zu summen. „Ich habe immer noch diesen Ohrwurm in mir."

„Iiiih, einen Wurm in deinen Ohren."

„Wisal, keinen echten Wurm. Man nennt etwas Ohrwurm, wenn man es immer wieder in sich hört und es nicht wegbekommt. Wie ich dieses Lied, das alle Dorfbewohner gesungen haben."

Sophia räusperte sich. „Lass die Sonne in dein Herz … ich fand diesen Abend besonders schön. Liedertexte können so kraftvoll sein."

„Wir haben da auch Kilian kennengelernt. Mittlerweile ist sein Bein wieder ganz geheilt und er springt mit den anderen Kindern oft herum. Auch kommt er zu den Treffen am Baumhaus bei Cody", sagte Malu.

Plötzlich lachte Imani los. „Wisst ihr noch, als Malu diese Krise hatte? Als er voll genervt war, weil er nur bei Nacht rausgehen kann und in den Dämmerungen. Er wollte sich schon mit den Nachtfaltern verbünden."

„Hey, das war echt kein schönes Gefühl, das ich da empfand. Ich hatte eben auch mal eine Krise."

„Sehnsucht zu haben ist auch nicht schlimm. Wisal hat es dir damals so schön gesagt."

„Genau, Malu, und ich sage es dir jetzt noch einmal, zur Erinnerung: Malu, mach die Augen auf und schau mal über uns. Wir sind von Sternen umzingelt, der Mond lacht auf uns herunter und wir sind umgeben von Freunden, die uns so mögen, wie wir sind. Horch mal in die Stille der Nacht. Hörst du das Wispern, es ist die Magie der Freundschaft. Du brauchst keine Sehnsucht nach der Sonne, auch nicht unsere Erinnerungen daran. Denn du besitzt etwas viel Wertvolleres im Leben, nämlich uns." Wisal hatte so recht. **Oftmals greifen wir nach den Sternen und nach Dingen, die wir nicht haben können, und vergessen dabei, wie gut es uns doch wirklich geht.**

„Sophia, wenn ich gerade so durch diese Blätterkrone von Valeska sehe und die Sterne blitzen auf, dann denke ich an Morlas kleinen Stern. Sie hat einen so großen Verlust erlitten und doch geht sie kraftvoll ihren Weg weiter."

„Malu, der Verlust war sehr groß für Morla. Doch sie hat das getan, was uns auch Georg gesagt hat. Sie hat ihren Stern in Würde gehen lassen und sie war bei ihm. Ihr Stern wird immer für sie leuchten und in ihrem Herzen bei ihr sein. Doch das Leben geht weiter, denn sie lebt und hat noch viele Ziele vor sich, die sie erreichen möchte. Das ist der Lauf des Lebens, dass wir irgendwann Abschied nehmen müssen. Mal früher, mal später, doch dass er kommt, das wissen wir alle. Deshalb ist es auch so wichtig, in der Gegenwart zu leben und die Zeit, die wir auf Erden verweilen, sinnvoll zu nutzen." Sophia kicherte. „Sie ist jetzt

Hummelschützerin. So hat doch ihr Stern ihr zu Lebzeiten gesagt: Sollte ich wiedergeboren werden, dann als Hummel …"

Die Freunde schauten sich lachend an. „**Denkt immer daran, wenn ihr durch die Natur geht: Schätzt jedes Pflänzchen und jedes Tier, mag es noch so klein sein. Man weiß nie, wessen Seele darin wohnt.**"

„Es ist so wunderbar, dass wir uns die Zeit nehmen, heute Nacht hier zusammenzusitzen. Zeit, die wir wirklich nicht sinnvoller nutzen können." Malu seufzte. „Miran, der Bär, hat es uns gelehrt."

Wisal jauchzte auf. „Ich hätte nichts dagegen gehabt, wenn er bei uns geblieben wäre. Er war wirklich kuschelig und er ist mit mir verwandt. Ich bin wirklich stolz darauf und was er uns über die Zeit erzählt hat, habe ich mir auch durch den Kopf gehen lassen. **Zeit ist ein sehr kostbares Geschenk, das du jemanden machen kannst. Denn wenn du deine Zeit verschenkst, verschenkst du einen Teil deines Lebens, der nie mehr zurückkommt**."

„Genau, Wisal, wir haben nur eine bestimmte Zeit auf Erden, was uns auch das Erlebnis mit dem kleinen Stern von Morla gelernt hat", nickte Malu. „Deshalb finde ich es schön, heute hier mit meinen Freunden zu sitzen. Ich danke, dass ihr alle euch die Zeit nehmt, mit mir in Erinnerungen zu schwelgen und diese wunderschöne Nacht mit mir zu verbringen."

„Oh, schaut mal." Wisal blickte an den großen Stamm der Eiche. „Da krabbeln kleine Käfer, sozusagen Ungeziefer."

Malu lachte. „Ja, dieser Name ist wirklich nicht schön. **So hat doch jedes Lebewesen hier auf Erden eine Daseinsberechtigung, egal, wie klein es auch sein mag**."

„Was die wohl hier machen? Hey, ihr kleinen Käfer, was macht ihr hier an der Eiche?“

Ein Käfer blieb stehen und schaute Wisal an. „Wir suchen einen Platz, wo wir unsere Eier ablegen können. Wir bevorzugen Rinde. Darunter sind sie am sichersten. Dann können im nächsten Jahr unsere Kinder schlüpfen.“ Er machte sich wieder auf den Weg.

„Werden sie Valeska verletzen?“

„Nein, Wisal“, erklärte Malu. „Sie genehmigt es den kleinen Krabblern, sie beschützt die Käferlarven, bis sie schlüpfen. Die Natur hat es so eingerichtet.“

Imani räusperte sich. „Ja, die Natur ist wirklich voller Magie und Wissen. Sie bringt so viel Leben und es ist wahrlich eine hohe Kunst, was sie leistet.“

„Könnt ihr euch noch an die Geschichte von Zacharias erinnern? Erst gestern habe ich einen Schornsteinfeger gesehen und bin ganz nah an ihm vorbeigeflogen, sodass mein Flügel ihn streifte. Schaut, hier hängt an den Federspitzen noch etwas Glück.“

Wisal sah sich den gespreizten Flügel von Sophia genau an. „Tatsächlich, hier ist er schwarz. Du trägst das Glück mit dir herum, wie toll.“

„Diese Geschichte zeigte uns so vieles. Am Anfang verstand ich sie auch nicht so genau, doch dann machte es klick. Ganz ehrlich, es stimmt, man kann so viel in und aus einer Geschichte für sich herausziehen, wenn man genug Fantasie und vor allem Leichtigkeit hat.“ Malu ließ die Geschichte noch einmal in Gedanken hervorkommen und berührte ganz vorsichtig Sophias Flügel. „Gib uns etwas von dem Glück ab, das du bei dir trägst.“

Sophia lachte und ließ alle ihren Flügel berühren. **„Geschichten lassen immer Raum offen. Was der oder diejenige noch hineininterpretiert, macht die einzelne Geschichte für jeden zu etwas Besonderen.“**

Mirko kicherte. „Die Nacht im Baumhaus fand ich richtig schön. Ich habe der Diskussion gelauscht und ehrlich gesagt habe ich so sehr viel zwischen den Zeilen gelesen.“

„Ha, unser Spinnenorakel hat erst am Ende gesprochen. Doch du hast recht gehabt**. Viele Menschen leben, um zu arbeiten, dabei sollte es doch anders herum sein**.“ Malu seufzte. „Es ist schon ein schwerer Gang, den die Kinder da vor sich haben. Den richtigen Beruf zu wählen. Es hängt immerhin ihre Zukunft davon ab. Wichtig fand ich auch, dass das Gerücht über das Handwerk entkräftet wurde.“

Wisal gluckste. „Ja, und Aylin will ein Praktikum als Schornsteinfegerin machen, um in das Handwerk rein zu schnuppern. Das finde ich toll. Dann werde ich mir jeden Tag von ihr eine kleine Portion Glück abholen.“

Malu sah träumerisch in den Himmel. „Ich fand das spontane Fest bei Georg superschön. Einfach mal von seinem Weg abweichen und einen anderen einschlagen. Ohne darüber nachzudenken, ob dadurch etwas liegen bleibt oder nicht. Das hat soviel Freude gemacht.“

Sophia schmunzelte. „Genau, Malu, es gibt so viele Wege im Leben, die wir gehen können. Warum sollten wir uns auf einen spezialisieren? **Wenn wir öfters mal die Richtung wechseln, nehmen wir viel mehr mit und machen Erfahrungen, die uns wahrscheinlich ansonsten verwehrt blieben**. Zurückgehen können wir immer noch, wenn der Weg uns nicht gefällt. Doch wenn wir es nicht wagen, verpassen wir vielleicht etwas sehr Schönes.“

Vor ihnen flackerte ein helles Licht auf. „Oh, Raja, schön, dass du auch zu uns kommst. Wir schwelgen wieder mal in Erinnerungen.“ Malu lächelte Raja entgegen.

„Hallo. Erinnerungen sind die Schätze unseres Lebens. Wie sagte doch der Grottenolm Hugo nochmal zu uns? **Die Magie des Lebens ist in uns und in vielen verschiedenen Augenblicken hält sie unsere Hand im Leben, um uns sicher hindurchzuführen.** So gibt sie uns auch die schönen Momente und verankert sie in uns als unvergessliche Erinnerungen, die wir immer wieder hervorholen können, um uns daran zu erfreuen.“

Wisal sah zu Raja empor. „Raja, solange dein Licht leuchtet und uns immer wieder den Weg zeigt, geht auch die Magie des Lebens nicht verloren. Ich bin der glücklichste Waschbär auf der Welt, denn ich habe Freunde, Hoffnung und die Magie des Lebens im Herzen. Was könnte es Schöneres geben? Selbst wenn ich traurig bin, weiß ich, dass das Licht da ist und mich früher oder auch später doch wieder auf den rechten Weg bringt.“

Sophia nickte. „Wisal hat es wieder mal auf den Punkt gebracht. Alles, was wir erlebt haben, fing am Anfang nicht so toll an und doch hatte es immer ein Licht, dem man entgegengehen konnte.“

Malu sah in die Sterne hinauf. „Du erwähnst es gerade. Das Geheimnis des kleinen Lichts, das oftmals im Verborgenen liegt und doch immer da ist, ist die Magie des Lebens, die Hoffnung, die uns immer wieder die Kraft gibt, unser Leben zu meistern.“

Die Freunde saßen noch lange bei Valeska der Eiche und lachten viel über die Erinnerungen. Es gab auch Momente, wo sie einfach zusammen schwiegen und die Magie des Lebens auf sich wirken ließen.

„Leben ist nicht genug“, sagte der Schmetterling. „Sonnenschein, Freiheit und eine kleine Blume gehören auch dazu.“

-H. C. Anderson-

Noch ein Hupferl, für alle Malu-Freundinnen und -Freunde

Eine etwas andere Geschichte, um euch ein Lachen ins Gesicht zu zaubern…

Geheimmission

Mitten im Wald, auf einer kleinen Lichtung, ziemlich versteckt im Unterholz hörte man es rascheln. Die Sonne versank gerade am Horizont und hinterließ ein fantastisches Schauspiel an den Bäumen. Stellenweise kam es einem vor, als würde der Wald brennen. Auch lugte der Mond schon hervor und machte sich auf seinen Weg zwischen den Sternen am Firmament. Etwas Schwarzes huschte zwischen den Bäumen hindurch. Man sah nur einen Schatten vorbeiflitzen. Er brach durch die Äste der riesigen Bäume, die am Rande der Lichtung standen, und bewegte sich direkt zur großen Buche, die den Mittelpunkt einnahm. Dort hängte sich das Wesen kopfüber an den vordersten Ast und sah über die Lichtung.

„Ach, da is‘ er ja. Der Flattermann ist auch endlich angekommen. Hallo Malu“, knurrte der große Wolf, der vor der Buche lag.

„Das ist ja eine Begrüßung. Ich konnte nicht früher kommen. Ihr wisst doch, dass ich keine Sonne vertrage. Ich bin ein Nachtwesen.“

Es erklang von überall her Gelächter und als sich Malu umschaute, sah er, dass schon viele seiner Freunde angekommen waren. Er sah die Füchsin Hope mit ihren Kindern, Saira, Jack und Paul, die Eichhörnchen, Luam, den

Dachs, und sogar Imani, der Bussard, und Sophia, die Eule, waren da. Gerade purzelte Wisal, der Waschbär, aus dem Gestrüpp. „Komme ich zu spät? Warum treffen wir uns alle hier? Was gibt es denn? Kommen noch mehr? Spielen wir Spiele?“ Japsend ließ er sich neben Themba, dem Wolf, fallen.

„Grrr, wart‘s doch mal ab und sei nicht immer so neugierig.“

Malu schmunzelte. „Wisal, kannst du eigentlich auch mal langsam ankommen, immer diese Hetze.“

„Neeee, so bin ich eben. Immer in Eile, ich will doch nichts verpassen.“

Sophia lachte. „So, warum sind wir eigentlich alle hier?“

Jeder schaute jeden an. „Keine Ahnung, mein Name ist Hase ich weiß von nix.“ Themba kratzte sich.

„Du bist ein Wolf, kein Hase. Wie kommst du auf die Idee, wir könnten dich mit einen Hasen verwechseln.“ Wisal schüttelte seinen Kopf. „Ehrlich, mit diesen Zähnen gleichst du wirklich keinem Hasen.“

„Das ist doch nur so eine Redensart.“

„Ach so, naja, ok. Auch wenn ich wieder mal nichts verstehe.“

Malu überlegte. „Wir sind hier, weil Alexander unsere Hilfe braucht. Das habe ich gehört. Doch wo ist dieses Karnickel?“

Es raschelte am Rande der Lichtung und man hörte jemanden fluchen. „Menno, doofe Brombeeren. Hey, lasst mich los. Pfffff.“

Alle schauten den Geräuschen entgegen.

„Da soll doch noch jemand sagen, ich bin in meinem Erscheinen Chaotisch. Schaut doch mal Alexander an, dagegen bin ich harmlos“, schmollte Wisal.

Mehr rollend als hoppelnd preschte das Kaninchen herbei. „Hallo, n‘abend, habe die Ehre. Schön, dass ihr auf mich gewartet habt.“

Die Eichhörnchen prusteten los. „Sag mal Alexander, trägst du Weihnachtsgirlanden mit dir rum oder was ist das für Zeug in deinem Fell.“

„Sehr witzig. Die doofen Brombeerranken. Da muss man sich wie im Urwald durchkämpfen, um auf diese Lichtung zu kommen.“

Malu lachte. „Naja, wir hätten uns auch auf der großen Wiese beim Dorf treffen können.“

„Pssst, nicht so laut. Es ist doch ein Geheimnis. Es darf keiner wissen.“

„Geheimnis? Was für ein Geheimnis?“, hakte Wisal nach.

„Boah, Wisal, deswegen weiß es doch keiner, weil es ein Geheimnis ist.“ Themba schaute genervt zu Malu.

„Eben, ein Geheimnis. Alexander, erzähle uns etwas darüber, warum wir uns hier treffen.“

„Mmh, also …“

Wisal rannte auf Alexander zu und patschte seine Pfote auf dessen Schnauze. „Psst, du darfst es nicht verraten. Ein Geheimnis ist geheim. Das darf man nicht laut aussprechen.“

„Oh Menno, Wisal, Alexander muss uns doch erst mal das Geheimnis verraten, damit wir erfahren, was wir geheim halten sollen.“

Alexander versuchte sich zu befreien, doch Wisal gab nicht nach. „Neee, ich falle darauf nicht rein. Dann ist Alexander der böse, weil er uns das Geheimnis verraten hat. Nee, nee, mit mir nicht.“ Stur hielt Wisal stand.

Themba erhob sich und packte mit seinen großen Zähnen Wisal im Nacken. „Lass Alexander los, sonst beiß ich zu. Deine Ehre ist ja gut und schön, jedoch total fehl am Platz.“

Zitternd nahm Wisal seine Pfote von Alexander. „Lass mich los. Jetzt hab ich wieder Wolfsabber in meinem Fell, das ist einfach nur ekelig.“

Imani stöhnte laut auf. „Mal ehrlich, wenn das so weitergeht, geht die Sonne wieder auf und wir wissen immer noch nicht, was los ist.“

Alexander räusperte sich. „Also, es ist ein Geheimnis. Doch ihr müsst helfen, denn es ist der Untergang.“ Theatralisch schaute das Kaninchen in den Himmel. „Der Osterhase ist tot.“ Schweigen senkte sich über die Lichtung und alle Augen richteten sich auf Alexander.

„He, habt ihr mich nicht gehört. *Der Osterhase ist tot!* Vom Mähdrescher erwischt. Schwupp, weg war er, einfach so. Zu den Sternen gegangen.“

Malu schaute irritiert Alexander an. „Der Osterhase? Der gewisse Osterhase? Du meinst diesen Osterhasen, der im Frühling den Kindern die bunten Eier bringt?“

„Ja, genau, der Osterhase. Sagt mal, haltet ihr mich für verwirrt. Klar meine ich diesen Osterhasen.“

„Alexander, den Osterhasen gibt es doch nicht wirklich, das ist nur ein Symbol, das weiß doch jeder.“

Wisal sah entsetzt Imani an. „Wie? Den gibt es nicht? Er ist doch vom Mähdrescher überrollt worden, also gab es ihn schon irgendwie.“

„Dann gibt es ihn eben jetzt nicht mehr. Wo ist das Problem?“

Alexander schaute in die Runde. „Sagt mal, bin ich hier im falschen Video?“

„Es heißt Film.“ Sophia lachte Alexander an.

„Was, Film?“

„Es heißt, bin ich hier im falschen Film, nicht Video.“

„Das ist doch egal, der Osterhase … versteht ihr es denn nicht? Kein Osterhase, keine bunten Eier, keine Nestchen für die Kinderchen. Es ist eine Tragödie.“

Malu schwang an seinem Ast hin und her. „Sag mal, Alexander. Was bist du? Bist du nicht auch ein Hase? Du könntest doch einfach den Job übernehmen. Es wäre etwas sehr Sinnvolles und soviel ich weiß, bringt der Osterhase viel Freude.“

„Iiiiccchhh … ich bin doch ein Kaninchen. Hase wird gesucht. Haaasssseeee. Es gibt kein Osterkaninchen. Es gibt nur einen Osterhasen.“

„Neee, den gibt es nicht mehr. Da war doch dieser Mähdrescher.“ Wisal gluckste vor Lachen.

Themba stöhnte laut auf und bedeckte seine Augen mit den Pfoten. „Oh mein Gott, wo soll das hinführen?“

Hope, die Füchsin, trat hervor. „Jetzt würde mich mal etwas interessieren. Wann ist der Osterhase denn vom Mähdrescher erwischt worden? Fahren die jetzt im Frühling auf den Feldern rum?“

Alexander schaute empört. „Logischerweise nicht. Jeder weiß, dass im Spätsommer die Felder gedroschen werden, und in dieser Zeit meiden wir Tiere die Felder.“

Malu schaute Alexander ernst an. „Sag mal, Alexander, wenn der Osterhase im Spätsommer schon zu den Sternen gegangen ist, warum sagst du es uns jetzt erst?"

„Ähm, es war doch ein Geheimnis. Naja, ich musste erst Überlegungen anstellen und außerdem war ich ja gar nicht sicher, ob es wirklich der Osterhase war."

Themba legte den Kopf schräg. „Woher bist du dir denn jetzt sicher?"

„Naja, da waren diese bunten Eier, die letzte Woche, als der Schnee geschmolzen ist, auf dem Feld lagen. Genau an der Stelle, an der letztes Jahr der Osterhase erwischt wurde. Also eindeutig. Es hatte den Osterhasen erwischt."

Luam, der Dachs, hatte die ganze Zeit schweigend zugehört, nun räusperte er sich und hob die Pfote. „Also, wenn ich auch mal was dazu sagen darf. Es ist doch so, dass es gar nicht sicher ist, ob es wirklich der Osterhase war. Alexander, du hast doch gesagt, dass du das Feld im Spätsommer meidest, wegen der Mähdrescher. Woher weißt du, dass der Osterhase überrollt wurde? Hast du seine Leiche gesehen?"

Alexander riss die Augen auf. „Nein, naja … doch, oder vielleicht. Naja, ich habe vom Rand des Feldes beobachtet, wie der Bauer etwas aus seinem Mähdrescher zog und das sah so aus. Außerdem habe ich die Eier gefunden."

„Mmh, naja da kommen wirklich Zweifel auf", sagte Themba.

„Zweifelt ihr an meinen Worten? Menno, seht ihr nicht den Ernst der Lage. In zwei Wochen ist Ostern und den Osterhasen gibt es nicht mehr."

Wisal kicherte. „Also, ich sehe nur ein Kaninchen, das etwas verwirrt ist. Der Osterhase kann nicht sterben, das weiß doch jedes Kind. Also war er es nicht, und basta."

„Pasta? Was haben Nudeln denn jetzt damit zu tun?" Alexander schaute ganz verwirrt. „Kann mich denn hier keiner ernst nehmen."

Malu gluckste. „Das ist so eine Redensart, wie Film."

„Hä, Film? Ich komm echt nicht mehr mit."

Plötzlich erscholl lautes Gelächter aus dem Wald und kurz darauf purzelten zwei Marder auf die Lichtung. „Na toll, die haben jetzt noch gefehlt. Die Waldchaoten Samson und Jannik. Was macht ihr denn hier?" Themba schaute beide mit tiefem Blick an.

„Huhu, wir haben gehört, dass es hier Geheimnisse gibt, deshalb sind wir da."

„Ja, und wir sind Meister darin, Geheimnisse zu lösen."

Wisal kicherte. „Ihr und Geheimnisse für euch behalten. Da können wir es auch gleich in die Tageszeitung drucken."

„Hey, wir sind wie Bonny und Clyde, Simon und Simon, Sherlock und Holmes oder Sancho und Pancho. Wir sind Meister der Aufklärung."

Wisal verdrehte die Augen. „Sancho und Pancho sind Frösche, die kenn ich. Mit denen habt ihr keine Ähnlichkeit. Naja, ein bisschen schon. Wenn wir euch grün anmalen, könnte es hinhauen."

Alexander schüttelte den Kopf. „Menno, was ist das für ein Durcheinander? Was ist mit dem Osterhasen?"

„Osterhasen? Was soll mit ihm sein?" Samson schaute verstört in die Runde. „Ähm, also das ist ein Geheimnis."

„Hey, der Osterhase ist doch kein Geheimnis. Also wir, Sherlock und Holmes, werden den Fall aufklären."

Malu schüttelte den Kopf. „Sag mal, Sophia, bin ich hier im richtigen Video?"

Sophia stupste Malu mit ihrem Flügel an und lachte laut los. „Ja, das bist du. Sherlock und Holmes werden sich nun der Sache annehmen und Licht ins Dunkle bringen."

Malu wisperte Sophia zu. „War nicht Sherlock und Holmes eine Person?"

„Psst, Malu, immer lächeln und winken."

Malu schwang sich hoch auf den Ast. „Also jetzt mal zum Ernst der Lage."

„Wer heißt hier Ernst? Ist das ein Neuer im Wald?"

„Wisal, schweige einfach und höre zu. Das war übrigens wieder so eine Redensart."

„Also, für alle neu hinzugekommenen, hier nochmal die Sachlage. Der Osterhase ist im Spätsommer vom Mähdrescher erwischt worden. Zeuge Alexander. Er sah ein Stück Fell, das der Bauer aus dem Drescher zog."

Luam unterbrach Malu. „Sag mal, Alexander wie weit war der Mähdrescher entfernt von deinem Standort?"

Alexander stutzte. „Das konnte ich nicht so genau sehen, denn vor mir war ja noch nicht gedroschen und das Korn stand sehr hoch."

„Aha und wie willst du dann gesehen haben, dass es wirklich das Fell des Osterhasen war?"

„Ähm, naja."

Malu hob den Flügel. „Wir kommen gleich darauf zurück. Weitere Sachlage. Vor einigen Wochen, als der Schnee schmolz, fand Alexander bunte Eier an genau der Stelle, an der der Osterhase sein Leben ausgehaucht hat. Ist das richtig so?“ Alle nickten Malu zu. „Weitere Sachlage, in zwei Wochen ist Ostern und es gibt keinen Osterhasen mehr.“

„Genau so ist es, das habe ich euch ja die ganze Zeit gesagt. Es ist ein Unglück. Eine Katastrophe. Ein Unheil.“ Alexander schniefte laut auf.

Samson und Jannik bauten sich vor den anderen Tieren auf. „Also wir, Sherlock und Holmes, werden uns der Sache annehmen. Wo ist das Problem?“

Allgemeines Stöhnen erklang über die Lichtung.

„Verflixt und zugetackert …“

„Zugenäht …“

„Was zugenäht?“

„Ach egal, was wolltest du sagen, Wisal?“

„Alexander, erkläre du das Problem.“

„Der Osterhase ist tot. Es gibt ihn nicht mehr.“

Jannik schaute Samson an. „Ich war‘s diesmal nicht. Du brauchst gar nicht so zu schauen. Damit habe ich nichts zu tun.“

„Es war auch ein Mähdrescher“, sagte Alexander.

„Vermutlich“, flüsterte Hope.

„Ja, sicher ist es nicht, denn es gibt keine Leiche“, erwähnte Luam.

Wisal grummelte vor sich hin. „Der Osterhase kann nicht sterben. Er lebt ewig, er ist unsterblich.“

„Wisal, was brummelst du da?“

„Ach, nichts. Ich sagte nur, der Osterhase lebt.“

„Der Osterhase lebt? Wer ist dann vom Mähdrescher überfahren worden?“

Samson hob die Pfote. „Also lebt er nun oder was?“

Alexander schupste Wisal an. „Menno, den Osterhasen gibt es nicht mehr und wir brauchen Ersatz, sonst sind alle Kinder unglücklich."

„Ähm, Alexander, du bist doch ein Hase, oder?" Jannik deutete auf Alexander.

„Nein, ich bin ein Kaninchen. Wie oft muss ich es noch erklären? Es gibt kein Osterkaninchen, nur einen Osterhase."

Imani lachte. „Also ein Kaninchen ist einfach nur ein zu klein geratener Hase. Nirgends steht etwas darüber geschrieben, wie groß der Osterhase eigentlich ist. Also könntest du perfekt seinen Job übernehmen und die Traurigkeit der Kinder wäre verhindert."

Alexander lief rot an. „Nein, ich werde mich nicht zum Affen machen."

„Wir machen dich nicht zum Affen, sondern zum Osterhasen, oder tragen Affen auch Eier aus?" Wisal schaute ganz verstört.

„Das ist wieder so eine Redensart", gluckste Sophia.

Themba, der Wolf, erhob sich. „Also hört mir nun mal zu. Es ist das reinste Chaos hier. Wenn wir Licht ins Dunkel bringen wollen, was das Geheimnis anbelangt, sollten wir langsam mal Klartext reden. Wir haben uns hier getroffen, weil Alexander uns ein Geheimnis anvertrauen wollte." Er schaute Alexander an. „Was war das Geheimnis nochmal?"

Alexander schnaubte. „Der Osterhase ist verstorben, nur mal so, zum 127sten Male."

„Ach ja, das war's. Also, der Osterhase braucht einen Nachfolger."

Luam grummelte. „Erst mal sollten wir nachforschen, ob er wirklich nicht mehr da ist. Das scheint ja gar nicht sicher zu sein.“

„Sagen wir doch. Lasst uns in den Kampf ziehen und Erkundigungen einholen. Wir, Simon und Simon, werden die Lösung herausfinden.“

Malu stöhnte laut auf. „Ok, dann geht und versucht euer Glück. Wir vertagen das Treffen auf morgen Nacht. Ich brauche eine Auszeit.“

„Mein Gedanke, Malu. Schau hin, da ziehen sie von Dannen. Auf in den Kampf, auf dass sie erfolgreich zurückfinden.“ Themba schüttelte seinen großen Kopf und machte sich auf den Weg in den Wald.

Alexander und Wisal schauten sich an. „Du wirst sehen, der Osterhase lebt.“

„Nein ich habe gesehen, dass er gestorben ist.“

„Er lebt.“

„Nein.“

„Er lebt.“

„Wiiisssaaallll, Alleexxannddder, Ruhe jetzt, vertagt bis morgen.“ Genervt flog Malu von der Lichtung.

Auf der Lichtung herrschte am nächsten Abend schon großer Tumult, als Malu ankam. Schweigend landete er auf seinem Ast und sah sich um. Neben ihm saßen Sophia, und Imani und auch Basma, der Specht, war da. Aus Sophias Gefieder krabbelte gerade Mirko.

„Wow, das ist ja noch schlimmer, als du es mir erzählt hast, Malu.“ Staunend sah sich Mirko um.

Gemächlich schlenderte Themba herbei. „Tja, soviel zur Geheimhaltung. Ich denke, der ganze Wald ist heute hier versammelt und das nur wegen des Osterhasen."

„Tja, es geht ja auch um diesen gewissen Hasen", lachte Imani.

Wisal purzelte mit Alexander auf die Lichtung. „Er lebt."

„Nein, er lebt nicht."

„Er lebt."

„Nein."

Malu schlug die Flügel über die Augen und prustete los. „Das kann ja heiter werden. Alexander … Wisal gebt Ruhe, wir werden heute schon rausbekommen, ob er lebt oder nicht."

„Ja, genau, wir warten auf diese Holmes oder Sherlocks. Dann wirst du sehen, dass ich Recht habe, Alexander." Wisal ließ sich grummelnd in die Wiese plumpsen.

„Ruuuhhhheeee!!!", brüllte Themba. Absolutes Schweigen senkte sich über die Lichtung.

„Ähm. Also …" Malu räusperte sich. „Wo sind unsere zwei Detektive? Weiß jemand etwas darüber?"

Galdur, der Maulwurf, grub sich aus der Erde vor der Buche. „Ich weiß was. Die beiden Chaoten haben das Feld umgepflügt. Sie sagten, sie suchen Beweise. Dass sie hierbei mein Badezimmer zum Einsturz brachten, war ihnen egal."

„Ich hoffe doch, dass du nicht gerade in der Wanne lagst", kicherte Mirko.

„Ha, ha, sehr witzig. Sie kommen bestimmt auch gleich."

Schon raschelte es im Gebüsch, als würde eine ganze Horde Dinos ankommen. Kurz darauf purzelten die beiden

Marder auf die Wiese. „Mission beendet, wir sind wieder da.“

Malu schaute die beiden zerzausten Gestalten an. Sie sahen etwas strubbelig aus, so, als wären sie in einen Trockner geraten. „Also berichtet uns, was ihr erfahren habt.“

„Also, eigentlich ist der Osterhase ein Lamm gewesen.“

„Wie, ein Lamm? War er verkleidet?“ Luam schaute erstaunt.

„Menno, nein. Er war ein Lamm, hat man uns erzählt. Der alte Georg, der am Ortsanfang wohnt, weiß so etwas und ihn haben wir besucht. Also er erzählte uns, dass der Osterhase mal ein Lamm war und weil das im Ofen verbrannte, bei der Zubereitung, hat man als Ersatz einen Hasen genommen und so entstand der Osterhase.“

„Also ist der Osterhase schon seit dem letzten Osterfest tot?“, fragte Malu.

„Oh mein Gott, die Menschen haben ihn aufgegessen?“ Wisal gruselte es.

„Jetzt mal langsam, das ist alles verwirrend. Was ist nun wirklich mit dem Osterhasen passiert?“ Themba schaute grollend in die Runde.

„Tja, wie wir euch sagten, er war mal ein Lamm und er legt gar keine Eier.“

Alexander stöhnte auf. „Seh ich aus, als würde ich Eier legen? Ich bin doch kein Huhn.“

„Nee, du bist ja auch ein Kaninchen, wie du immer wieder betonst, und kein Osterhase.“

Hopes Kinder traten näher. „Sagt mal, wenn der Osterhase keine Eier legt, woher hat er die dann?“

Imani nickte. „Das ist eine gute Frage. Woher hat er die Eier? Dem sollten wir später auch mal nachgehen.“

„Imani, das ist doch im Augenblick egal. Wichtig ist jetzt, wo, wie und was mit dem Osterhasen ist."

Samson streckte sich und richtete seine Pfoten gen Himmel. „Der Osterhase lebt!!!", schrie er über die Lichtung.

Großer Jubel brach aus. Es dauerte, bis sich alle wieder beruhigten.

„Siehste, ich hab's dir doch gesagt Alexander, der Osterhase lebt." Wisal schaute freudig drein.

Alexander hüpfte auf der Stelle. „Beweise. Ich fordere Beweise. Denn ich hab ihn unter dem Mähdrescher gesehen und was ist mit den bunten Eiern unterm Schnee?"

Malu sah Jannik und Samson an. „Tja, da muss ich Alexander recht geben. Wir brauchen Beweise. Darum ging es ja. Also, was habt ihr rausgefunden, dass ihr annehmt, dass der Osterhase lebt?"

„Tja ähm, sie haben es uns gesagt. Naja, gesehen haben wir ihn nicht, denn er kommt ja erst in 14 Tagen."

„Wer hat es euch gesagt?"

„Na, Georg und die Kinder vom Dorf."

„Naja und wir haben ihn nicht gefunden. Können wir ja auch nicht, wenn er erst in 14 Tagen erscheint. Also sind wir zu dem Schluss gekommen, dass er lebt."

Alexander schnaubte. „Ihr steckt doch unter einer Truhe, ihr beide. Euch kann man nichts glauben."

„Was für einer Truhe?" Wisal verstand wieder mal gar nichts.

Sophia verdrehte die Augen „Es heißt auch Decke, das ist wieder so eine Redensart."

Themba grollte: „Also einen lebenden Beweis, dass der Osterhase nicht vom Mähdrescher überrollt wurde, gibt es nicht. Wenn wir jetzt zwei Wochen bis Ostern warten und der Osterhase nicht auftaucht, haben wir ein großes Problem.“

Mirko schmunzelte. „Dann versklaven wir ein Lamm, das seinen Job übernimmt. Schließlich haben sie es gemacht, bevor der Osterhase diesen Part übernahm.“

Malu hing an seinem Ast und schüttelte den Kopf. „Wir könnten auch den Mardern ein paar Ohren ankleben und sie als Osterhasen vermarkten. Hat vielleicht noch jemand eine Idee?“

Wisal hopste auf. „Ich, ich, ich …“

„Wisal, du darfst sprechen.“

„Wir könnten doch die Eier verstecken, das macht sicher Spaß. Der Osterhase tritt ja auch im Geheimen auf. Ich denke nicht, dass ein Kind den Hasen schon mal live gesehen hat.“

„Und wo, bitteschön, sollen wir die Eier herbekommen?“, fragte Saira, das Eichhörnchen.

„Woher hat sie denn der Osterhase?“ Nachdenklich schaute Samson alle an.

„Das frage ich mich auch. Denn ich kenn keine Hühner, die bunte Eier legen“, vermerkte Galdur aus seinem Hügel heraus.

„Boh ey, das wird ja immer komplizierter. Fassen wir mal zusammen. Der Osterhase hat den Job von den Lämmern übernommen, Ob er noch lebt, können wir frühestens in 14 Tagen erfahren. Also, wir brauchen einen Notfallplan. Nur für den Fall, dass der Osterhase doch den Löffel abgegeben hat.“ Malu überlegte.

„Häääh, warum soll er den Löffel abgegeben haben?“ Wisal ließ sich auf seinen Bo plumpsen.

„Wisal, das ist wieder so eine Redensart.“

„Menno, sprecht doch mal verständlich. Kein Wunder, dass alles so konfus ist."

„Also Notfallplan. Frage: Wer übernimmt seinen Job, wenn der Fall des Falles eintritt? Freiwillige vor." Malu schaute über die Wiese. Es herrschte großes Schweigen auf der Lichtung. Themba wurde immer kleiner und auch andere zogen sich in den Hintergrund zurück, bis nur noch Alexander summend vorne stand. Es schien, als wäre er in ein Mantra vertieft. „Das ist sehr mutig von dir, Alexander."

Imani gluckste. „Was, wie, wo. Hab ich was verpasst?"

Malu zeigte mit einer seiner Schwingen auf Alexander. „Nein, nur dass du ausgewählt wurdest und wir bewundern deinen Mut und deine Bereitschaft, im Notfall für den Osterhasen einzuspringen.

„Waaassss? Das habe ich doch schon gesagt, ich bin ein Kaninchen und kein Osterhase."

„Das ist egal, denn der Osterhase versteckt die Eier im Geheimen und man bekommt dich gar nicht zu Gesicht. Also du machst das jetzt und basta." Malu baumelte Kopfüber am Ast und schwang genervt hin und her. „Keine Diskussion mehr, zeige mal ein bisschen Einsatz. Immerhin hast du die richtigen Ohren." Irgendetwas kitzelte seine Krallen, mit denen er sich am Ast festhielt, und er fing an zu lachen. „Hey, Mirko hör auf, das kitzelt."

„Ich mach doch gar nichts. Schau, ich hänge hier an meinem Faden neben dir."

Malu schwang sich nach oben. „Ups, wer bist du denn?"

„Oh, Hallo, deine Füße waren in meinem Weg. Ich bin Hildegard, die Raupe."

Von unten kam ein Schnauben. „Da brat mir doch einer einen Hamster. Was willst du hier, Hildegard?“

„Storch, mein Lieber, es heißt, dann brat mir doch einer einen Storch, Themba.“

„Sophia, das ist doch ganz egal, ob Hamster oder Storch. Jetzt mischt sich auch noch ne Raupe ein. Vielleicht weiß sie ja was über den Osterhasen, fragt sie doch mal.“

„Na Hildegard weißt du was über den Verbleib des Osterhasen?“, fragte Sophia.

Hildegard schaute über die Lichtung. „Was ist mit dem Osterhasen? Der kommt doch erst in zwei Wochen.“

„Nein, er ist vom Mähdrescher überfahren worden.“ Alexander starrte Hildegard an.

„Nee, Alexander, der Osterhase lebt.“

„Boah, geht das schon wieder los?“ Imani stöhnte auf.

Vom Ende der Lichtung rief eine Stimme: „Der Osterhase lebt.“

„Ich denke, der wurde überfahren?“ Hildegard schaute verwundert.

„Wie, Hildegard? Hast du es auch gesehen, dass er überfahren wurde?“

„Ich, nein, wie kommst du darauf, Alexander?“

„Du hast doch gerade gesagt, der wurde überfahren.“

„Nee, hab ich nicht.“

„Hast du doch.“

„Ruuheeeee!!!!“, brüllte Imani. „Was ist das für ein Wirrwarr hier? Warum sind wir überhaupt hier, weiß das noch einer?“

Zaghaft hob Samson seine Pfote. „Ich glaube es ging um den Weihnachtsmann.“

„Du bewegst dich auf sehr, sehr dünnem Eis, Samson“, grummelte Themba.

Die Stimme vom Ende der Lichtung erscholl wieder. „Also ich würde mich mal langsam um die Eier kümmern.“

„Stimmen aus dem Hintergrund werden ignoriert, basta. Malu, wie schaut es nun aus?“

Malu grinste. „Also, fassen wir zusammen.“ Ein genervtes Stöhnen war zu hören. „Der Osterhase ist, oder auch nicht, vom Mähdrescher überfahren worden. Alexander, der Zeuge, sah, oder auch nicht, wie es passierte. Die Ermittler Sancho und Pancho haben herausgefunden, dass der Osterhase ein Lamm war, oder auch nicht. Der Notfallplan sieht vor, dass das Karnickel seinen Job übernimmt, oder auch nicht. Hildegard hat was gesehen, oder auch nicht. Wer die bunten Eier legt, oder auch nicht, wissen wir noch nicht. So, das ist die Sachlage zum derzeitigen Zeitpunkt. Hat jemand was hinzuzufügen?“

„Ja, ich“, kam es von der anderen Seite der Lichtung.

„Ja, bitte, dann sprich.“ Malu hob den Flügel.

„Der Osterhase lebt.“

Mirko prustete los. Alexander schrie wieder nach Beweisen und Wisal hüpfte freudestrahlend umher. „Ich sag‘s doch schon die ganze Zeit, der Osterhase lebt, er lebt.“

„Ruuuhhheeeee!!!!“ Themba grollte laut auf. „Es ist im Augenblick egal, ob er lebt oder nicht. Wir müssen uns noch um die Eier kümmern, falls er nicht lebt.“

„Pssst, er lebt.“

„Wisal, wirst du wohl jetzt mal die Pappen halten.“

„Ok, wenn der große böse Wolf es sagt. Ich will schließlich nicht wieder Wolfsabber im Fell haben.“

Malu atmete tief ein. „Punkt 2 für den Notfallplan. Die bunten Eier. Kennt jemand Tiere, die bunte Eier legen?“

Absolutes Schweigen, dann plötzlich die Stimme aus dem Hintergrund. „Was haltet ihr davon, weiße Eier anzumalen.“

Hildegard gluckste. „Jo, das ist eine super Idee. Das macht der Osterhase auch jedes Jahr.“

Wisal riss die Augen auf und sah zu Hildegard hinauf. „Woher weißt du das denn?“

„Das weiß doch jedes Kind. Jedes Ei ist handgemalt. Habt ihr geglaubt, die werden bunt gelegt. Wer hat euch denn den Fisch aufgebunden?“

„Es heißt Bären aufgebunden.“ Sophia verdrehte die Augen und Wisal seufzte tief auf. „Ich verstehe nur Friedhof.“

„Wisal es heißt Bahnhof. Ich verstehe nur Bahnhof.“

„Also malen wir Eier an, die Alexander, falls der Osterhase den Löffel abgegeben hat, verteilen kann. Ist das jetzt der Plan?“ Malu schaute in die Runde. „Irgendwelche Einwände?“

Unter der Buche regte sich etwas im Gras. „Hallo, darf ich auch mal was fragen?“

Imani starrte nach unten. „Wer spricht da?“

„Na ich, Kunibert der Regenwurm.“

„Ah, ja, dann sag deine Meinung zu dem Thema, das machen ja alle hier.“

„Also, warum sollen wir denn die Arbeit für den Osterhasen machen? Es ist sehr viel Arbeit, diese ganzen Eier zu bemalen. Er kann das doch wie jedes Jahr selbst machen.“

Alexander schaute Kunibert genervt an. „Hast du es nicht mitbekommen, der Osterhase ist nicht mehr.“

„Wieso? Der Osterhase lebt.“

„Das sage ich die ganze Zeit, er ist unsterblich, er lebt."
„Wisal, du sollst doch die Schnute halten."
„Ups, sorry, ist mir so rausgerutscht."
Jannik räusperte sich. „Also ich finde auch, dass es doof wäre, wenn wir die Arbeit für den Osterhasen übernehmen. Denn falls er nicht die Kolrabi von unten zählt …"
„Rüben, es heißt Rüben."
„Also falls er nicht die Rüben von unten zählt, haben wir seine ganze Arbeit gemacht."
Galdur, der Maulwurf, linste aus seinem Hügel hervor. „Da ist was Wahres dran. Doch was bleibt uns anderes übrig?"
Malu atmete tief durch. „Es werden die Eier angemalt. Ich sage nur Notfallplan und basta."
„Pasta? Sind Nudeln auch im Osterkörbchen?", fragte Kunibert.
„Boh ey, kann denn hier keiner Mal den Ernst der Lage sehen." Themba erhob sich und schaute alle Tiere an. „Wenn Malu sagt, es wird so gemacht, dann wird es so gemacht. Keine Widerworte und keine Einwürfe mehr."
„Aber …"
„Pssst, Wisal."
„Er lebt", wisperte Wisal Themba zu.
„Wer lebt?"
„Der Osterhase."
„Wirst du wohl jetzt still sein. Alexander, bereite dich auf deinen Einsatz vor."
„Auf welchen Einsatz?" Alexander kratzte sich am Ohr.
Jannik feixte: „Auf deine Rolle als Osterlamm."
Großes Gelächter brach aus und es dauerte, bis wieder Ruhe einkehrte. Malu hing wieder an seinem Ast und bau-

melte hin und her. Gähnend machte sich Basma, der Specht, bemerkbar. „Es ist wirklich ermüdend diese ganze Diskussion. So als stiller Zuhörer komme ich mir vor wie im Kino. Was habt ihr eigentlich für ein Problem?“

„Tick Tack, Tick Tack … ich ignoriere die Frage einfach. Das Leben ist schön.“ Malu steckte den Kopf in seine Flügel.

„Malu, gib doch bitte mal eine Zusammenfassung, damit wir dieses Geheimdrama endlich zu Ende bringen können.“

Imani stupste ihn an.

„Von wo an wollt ihr denn eine Zusammenfassung haben?“ Vorsichtig linste er aus seinen Schwingen hervor.

Aus dem Hintergrund kam wieder diese Stimme. „Der Osterhase lebt.“

„Menno, das wissen wir nicht. Es kann sein und es kann nicht sein, das ist hier die große Frage.“

Alexander hoppelte nach vorn. „Fang doch mit dem Geheimnis an. Dass alle es Verstehen. Nur so, zur Erinnerung, worum es eigentlich geht.“

„Ok, das Geheimnis ist kein Geheimnis mehr. Der Osterhase ist oder ist nicht mehr. Pat und Patachon haben erfolgreich ermittelt, naja zumindest haben sie das Lamm gefunden. Wir haben die Erkenntnis erlangt, dass der Osterhase die Eier nicht selbst legt, und Alexander ist das neue Osterkaninchen. Noch Fragen oder Anmerkungen?“

„Wo sind die Körbe?“, rief jemand vom Ende der Lichtung.

„Was für Körbe?“

Mirko stupste Malu an. „Ich denke, er meint die Körbe für die Eier. Alexander kann sie ja nicht in den Pfoten tragen.“

„Ach, *die* Körbe. Sagt mal, es ist wirklich viel Arbeit, die der Osterhase da hat. Ich wünschte, er wäre nicht unter dem Mähdrescher geraten. Jetzt haben wir diese ganze Arbeit am Hals."

Wisal pirschte sich vorsichtig näher an die Buche. „Er lebt", flüsterte er.

„Wisal, wir wissen es nicht und du sollst doch nicht dazwischenreden."

Themba und Luam nahmen Wisal in ihre Mitte. „Kleiner, sieh der Wahrheit ins Gesicht. Alexander sagt, der Osterhase ist nicht mehr, er hat es gesehen. Naja, oder auch nicht. Doch das ist total egal. Wichtig ist, dass Ostern nicht ausfällt."

„Aber …", schniefte Wisal.

„Psst, das wird schon wieder."

„Hey, ihr da vorne", erklang die Stimme wieder. „Es wäre vielleicht ganz gut, mal auf den Kleinen zu hören und ihn auch etwas sagen zu lassen."

Malu sah zu Wisal. „Er hat Recht. Wisal, wir hören dir zu. Was möchtest du uns sagen?"

Alle fixierten den Waschbären. „Ähm, also, es ist so … Der Osterhase lebt."

Alexander bekam einen hopsenden Anfall. „Nein, da war dieser Mähdrescher."

„Er lebt."

„Nein."

„Doch."

Imani atmete synchron mit Malu laut aus.

„Ruuuheeee!!! Alle beide." Themba grollte laut los.

Stille senkte sich über die Waldlichtung. Nicht mal das kleinste Geräusch war noch zu hören. Malu schwang sich plötzlich mit aufgerissenen Augen nach oben. „Sag mal, du Stimme aus dem Hintergrund. Wer bist du?“ Wie das rote Meer teilte sich die Ansammlung der Tiere und ein großer aufrecht gehender Hase hüpfte gemächlich nach vorne. Er hatte sehr lange Ohren die seitlich herunterhingen. An seiner einen Pfote hing ein Körbchen mit bunten Eiern und in der anderen Pfote trug er einen Pinsel. Er hatte ein fröhliches Lachen im Gesicht. „Wer ich bin? ICH BIN DER OSTERHASE.“

Es herrschte großes Schweigen dann brach Jubel los. „Er lebt!!!!!!!“

„Sag ich doch die ganze Zeit“, gluckste Wisal vergnügt vor sich hin. „Tja, hätte mal einer auf mich gehört.“

ENDE

Nachwort/Danksagung

Ein großes Dankeschön an alle meine Leserinnen und Leser.

Ein Danke an meine Testleserin der sozialkritischen Geschichten, Tatjana, die mir mit ihrer Erfahrung als Systemische Beraterin, zur Seite stand. Ein Dankeschön geht an Inga, für ihre ehrliche und freundschaftliche Meinung. Ein großes Danke an meine Freundinnen Marion und Sassa, die mir die Kraft gaben, auch in meinen schwersten Stunden meinen Traum vom weiterem Buch nicht aufzugeben.

Doch der größte Dank gebührt wie immer Malu, denn er hat mir so viel Kraft und Hoffnung geschenkt.

Hier könnt ihr folgen:

http://www.lovelybooks.de/autor/Regine-Sonnleitner
http://www.rediroma-verlag.de/autoren/autorentagebücher/regine-sonnleitner
http://www.instagram.com/malufledermaus

Wenn euch Malus Geschichten gefallen haben, schreibt ihm eine Rezension und empfehlt ihn weiter, er würde sich sehr darüber freuen.

Glossar der Namen und Bedeutungen

Malu = Friede und Ruhe
Fledermaus = Widergeburt und Unendlichkeit
Mirko = Friede und Ehre
Spinne = Weber der Zeit, webt die Schicksalsfäden
Sophia = Weisheit
Eule = Weisheit und Klugheit
Jannik = Gnade
Samson = von der Sonne
Marder = hilft Hindernisse zu überwinden
Gargouille = Guillermo magischer Beschützer
Valeska = Stärke
Adia = Geschenk
Liam = Beschützer
Hope = Hoffnung
Fuchs =schlauer Seelenführer in allen Lebenslagen
Claudio = der Hinkende/Lahme mit unbändiger Kraft
Feuersalamander = Der Hüter des Waldes
Orenda = magische Kraft
Aylin = Licht der Sonne
Jaro = Licht der Nacht
Alvin = Freund
Eichelhäher = Wächter des Waldes
Danger = Gefahr
Schlange = Unendlichkeit
Basma = ein Lächeln
Specht = Glück und Lebenskraft
Galdur = Magie
Maulwurf = schieb alles Dunkle ans Licht
Zacharias = Erinnerung, sich erinnern

Lynn = kleiner Wasserfall
Imani = Glaube
Bussard = kündigt Wandlung und Veränderung an
Wisal = der Lebensfrohe
Waschbär = erinnert an Dein inneres Kind
Gina = Königin, Kämpferin
Georg = Erdbearbeiter
Cody = glücklicher Sohn
Marion = Stern des Meeres
Themba = Hoffnung
Wolf = Anpassung an den Umständen
Abahya = Furchtlos
Adler = kündigt neue Entwicklungsstufen an
Moja = mein Herz
Kalea = voller Freude
Schwalbe = kündigt glücklichen Wandel an
Horacia = Zeit
Schildkröte = alte weise Mutter
Lisa = von Gott verehrt
Falke = Botschafter
Saira = Wanderin
Eichhörnchen = verhilft zu Leichtigkeit
Fynn = der Helle, Leuchtende
Grashüpfer = Bote der Naturgeister
Walter = der Heerführer
Malea = Blume
Liva = Schutz, Leben
Dennis = Freude, der Geweihte
Gabriel = Stärke
Trisha = Honigbiene
Wildbiene = hilft den Überblick zu wahren

Maddox = der Glückliche
Hummel = setzt unmögliche Dinge in die Tat um
Klara = die lebendig Leuchtende
Jala = die Einzigartige
Darian = das Gute festhaltend
Luchs = bringt Licht ins Dunkle
Anastasia = Auferstehung
Phönix = Auferstehung und Wiedergeburt
Ben = der Glückliche
Sam = von Gott erhört
Lucky = Glück
Hund = Freund, Kamerad
Jacob = der Beschützer
Alexander =Beschützer
Kaninchen = befreit aus der Opferrolle
Kilian = Kämpfer
Bär = innere Ruhe und Lebensenergie
Miran = der Ruhige, Friedliche, Stille
Morla = Alt und Weise
Hugo = mit Verstand denkender Geist
Molch = lädt dich ein, den Schritt ins Ungewisse zu wagen
Luam = der Friedvolle
Dachs = zeigt, dass wir das Leben in die eigenen Hände nehmen sollen
Jack = Gott möge schützen
Paul = der Kleine
Raja = Hoffnung

Weitere Bücher der Autorin Regine Sonnleitner

„Der Flug des Falken“
9,95 Euro, 98 Seiten, ISBN 978-3-96103-599-1

„Malu – Stimmen des Lebens“
12,95 Euro, 242 Seiten, ISBN 978-3-96103-664-6

„Malu – Auf der Suche nach Erkenntnis“
13,95 Euro, 252 Seiten, ISBN 978-3-96103-770-4

Mitschreibende in der Anthologie
„Osterhasen sterben nie“
15,00 Euro, 340 Seiten, ISBN 979-8-71900-642-0